最高に動ける体になる!

骨格リセットストレッチ

鈴木清和
Kiyokazu Suzuki

版社

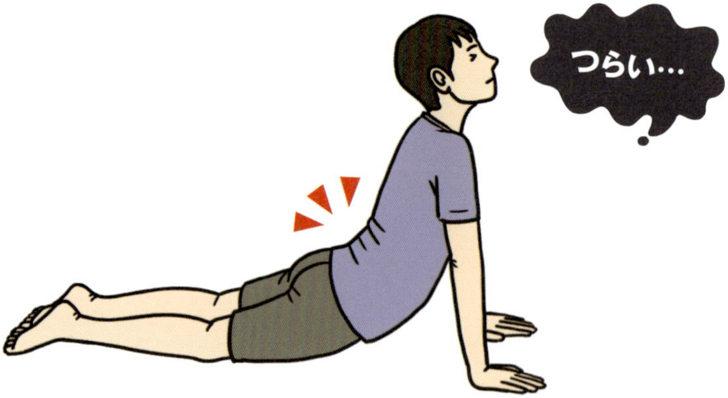

トレッチは
てください

今までのス
すべて忘れ

これからは〝パフォーマンス〟に直結するストレッチを！

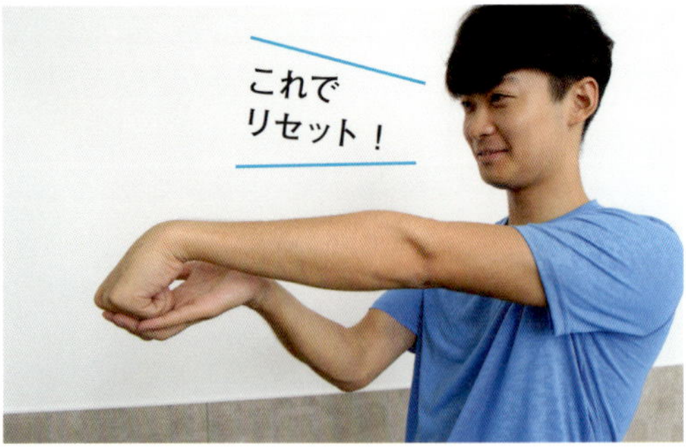

「何となく知っているストレッチを、何となく運動前にしている」
「体は硬いけど、一生懸命伸ばす、伸ばす、伸ばす！
だって、痛みをガマンするほど体に効いてるはずだから」
「柔軟性が高いほど、体の動きはよくなるだろう」

ストレッチについて、こんな風に考えているとしたら、ちょっと待ってください。それであなたが望むような効果を実感できていますか？

もしかしたら、体が柔らかくなるどころか痛くなるだけ、ケガが絶えない、ルーティン化しているだけでストレッチの効果なんて考えたこともなかった…。こんな人も多いかもしれません。
また、次々に出てくる「ストレッチメソッド」を試しては効果を感じられずにいる人も多いのでは？
本来ならストレッチは、筋肉の動きを良くし、運動パフォーマンスを上げ、ケガを防ぐ、とても素晴らしいものです。
では、なぜ、あなたはストレッチ効果を手にできていないのでしょうか？
それは、簡単。ストレッチをする〝前提〟が整っていないからです。
私たちは、教科書に描かれているような人体模型とは違います。たいていの人がどこかに歪みを抱えています。
まずは**体の軸となる骨格を「リセット」すること。リセットして正しい位置にしてからストレッチをすると、狙った筋肉がぐーんと伸びます。**
今度こそ、あなたも本当に伸びるストレッチを手に入れてください。

それが「骨格リセットストレッチ」

本書ではこれまでの「ストレッチの悩み」に応えます！

「ストレッチは体にいいのだろうけれど…。痛いし、体は柔らかくならないし、ケガの防止になっているとも思えない」、「やるなら運動前のほうがいい、いや後だ。反動をつけるのはよくない、いや反動が筋肉にはいい…いろいろな情報があって、何がベストなのかわからない」…。

　さまざまなストレッチに関する悩みや不満があると思います。本書では、そんなお悩みを一掃！　運動パフォーマンス向上に特化したストレッチを紹介します。

悩み1　痛いうえ、いつまでも硬い

ストレッチって痛いのが伸びている証拠でしょ？　だから痛いところまで伸ばしちゃう。でも、痛くてつらいから、続かなくて、すぐ体は元に戻っちゃう。結局、いつまでたっても体は硬いまま。きっと、私は体が硬い体質って諦めるしかないんだよね…。

痛くない！

「ストレッチで痛い」、というのは、やり方が間違っているケースがほとんど。正しいやり方で行えば、体が硬い人でも痛みなく、筋肉の柔軟性を上げることができます。

悩み2 いつやれば効果があるのか？

部活やサークルでは、本メニューに入る前にストレッチしてたし、やっぱり運動前でいいのかな？　運動後も必要？　体のためにはお風呂の後って聞いたこともあるけれど…。体の動きを良くするためには、いつストレッチするのがベストなんだろう？？

いつやっても効果的！

ストレッチの目的は凝り固まった筋肉をほぐすこと。運動前、日常生活で疲れを感じた時にも効果的。骨格リセットストレッチは「体を痛めないストレッチ」だから、安心していつやってもOKです。

悩み3 ストレッチしてもケガが絶えない

ちょっと走ると膝が痛くなる。ゴルフのあとはいつも腰が痛いし、草野球をすると翌日には肩や肘に痛みが出る…。運動は好きだし、もっとうまくなりたいのに、何をやっても痛みが…。歳のせいなのか？　ストレッチでこのケガ、なんとかならないかなぁ？

根本から問題解決

ストレッチはケガを治すツールではありませんが、ケガを起こしにくい体へ改善していく効果はあります。ストレッチを習慣化させて、ケガしにくい体を手に入れましょう！

驚きの6つの効果

効果1 骨・筋肉・関節を正しく使える

骨格の歪みが正されてから、ストレッチをすることで、関節を正しく曲げることができ、腱ではなく筋肉を十分に伸ばすことができます。正しい関節の動きはケガを防ぐだけではありません。可動域を無理なく広げることにもつながります。

効果2 関節をゆるませず、可動域がひろがる

筋と骨をつないでいる腱は、関節がずれないよう伸縮性が低いものです。ですから、骨格に歪みがある状態で関節を曲げると無理やり伸ばされてしまうことに。伸びた腱では関節もずれやすく、過可動となりケガをしやすくなってしまいます。骨格リセットをすることで腱を無理やり伸ばすことを防ぎます。

効果3 思い通りに体が動くようになる

筋肉は大きく分けて速筋繊維と遅筋繊維の2種類がありますが、萎縮しやすいのが速筋繊維です。また、筋繊維の束でできている筋肉は、筋繊維が多く動くほど、脳からの指令を支配する神経とのつながりがよくなります。しっかり筋肉を伸ばすことは、思った通りに筋肉を動かすこと、つまり動く体へとつながるのです。

効果4 歪みが改善

一度できた骨格の歪みは体のくせとなり、筋肉のつきかたにも偏りが生じ、さらに歪みを定着させてしまいます。そこで、いったん骨格をリセット！　正しい骨の位置を再度、脳に覚えさせてあげると、体にとってラクな位置を取ろうとします。自ら歪みのない姿勢になろうと脳が動きだすのです。

効果5 血液の循環もアップする

もともと柔軟性があった筋肉も老化や運動、長時間同じ姿勢でのデスクワークなどで使い続けることで筋肉が硬く、縮こまってしまいます。こうなると血液やリンパの流れも悪くなってしまいます。ストレッチで筋肉を十分に動かすことで、筋肉の柔軟性がアップするとともに、血液循環もアップします。

骨格リセットストレッチ

効果6 ケガしにくくなる

肩、肘、腰、膝、足関節……。スポーツでケガをしやすいのは圧倒的に関節部分。これは運動中に、関節の可動域を超えてしまう場合がほとんどです。腱を緩ませない骨格リセットストレッチなら、可動域が限界を超えてしまうことがなく、筋肉の動きもよくなるのでケガ防止に効果的です。

最高に動ける体になる！
骨格リセットストレッチ

CONTENTS［目次］

02

第2部

骨を整え、筋肉を伸ばす 骨格リセットストレッチ

下半身を整える

03 第3部 スポーツ別 動く体になるストレッチ

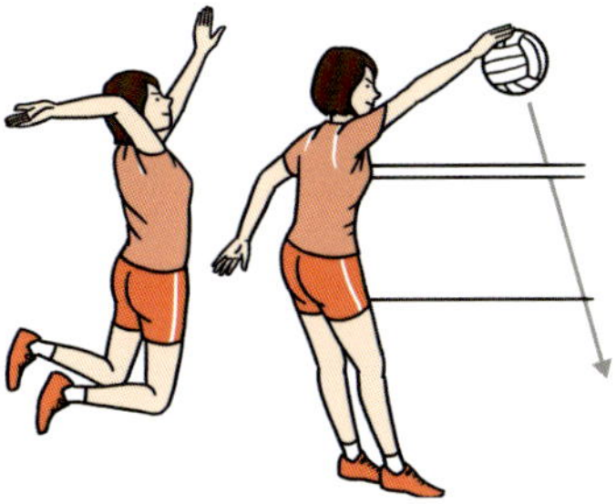

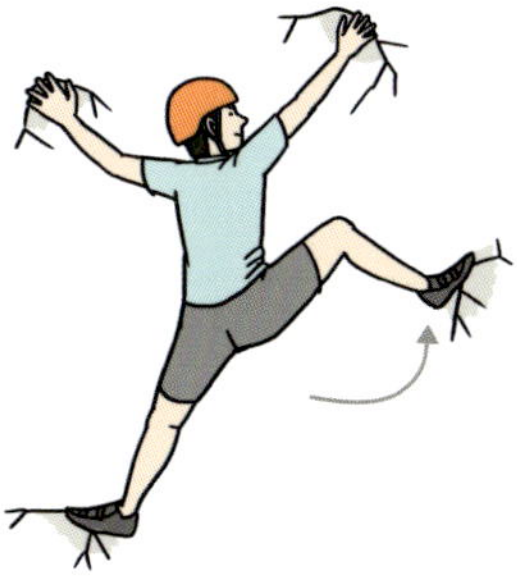

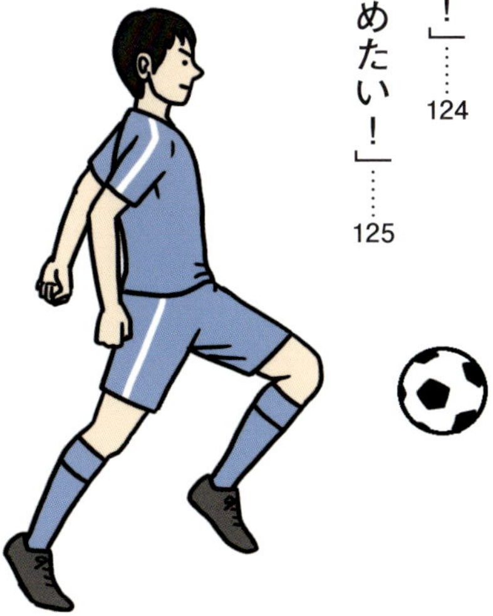

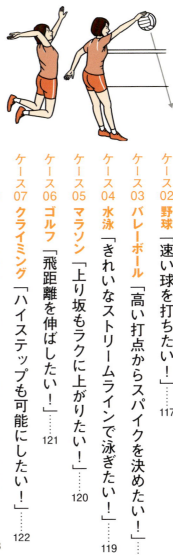

本書の使い方

1 整える骨と伸ばす筋肉の紹介

正しいやり方で骨を整え、筋肉を伸ばしていくためにも、まずは位置を確認しよう。ストレッチ番号の横には、「筋肉の種類」「ストレッチの種類」「呼吸の有無」が書かれています。ストレッチの種類が「動的」と書かれているものは体を動かしたときに筋肉が伸びるもの、「静的」と書かれているのはポーズをとっている間に伸びるもの、「小刻み」と書かれているものは、リズミカルに動かすことで筋肉が伸びるものを指します。「呼吸○」となっているものは、ポーズをとっている間もゆっくりと深呼吸をおこない、「呼吸×」となっているものは、ポーズをとっている間、ムリに呼吸はせず、自然に任せましょう。

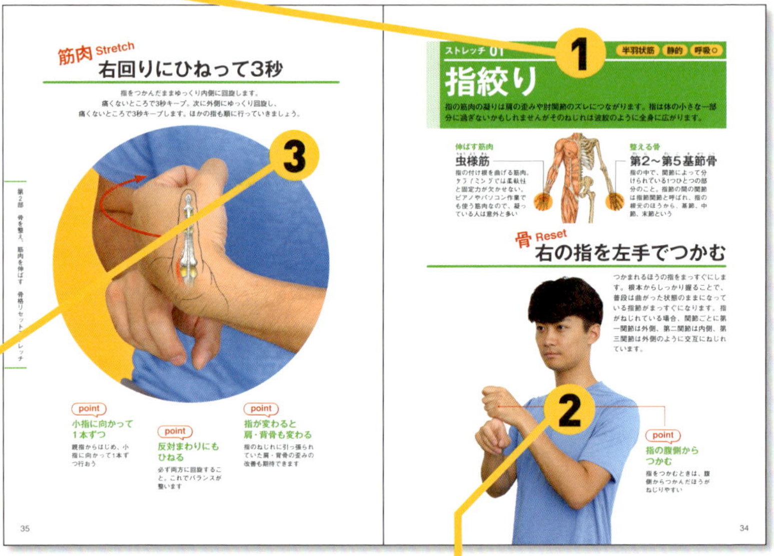

2 まずは「骨」をリセットする

筋肉をしっかり伸ばすためにも、骨の位置を正しい場所に戻してあげましょう。

3 次に「筋肉」を伸ばす

骨の位置を正してからストレッチをしましょう。痛いなと感じるまで伸ばしたり、ムリをする必要はありません。必ず気持ちいいところまででやめましょう。

第1部

筋肉を伸ばすカギは「骨」にあり！

ストレッチなのに骨？ そう思っている人も多いはず。
この章では、これまでのストレッチとは何が違い、
どうして効果的なのかについて解説していきます。

あなたがストレッチの効果を感じられないワケ ①

「痛てて…」は筋肉が伸びてない証拠！

ストレッチは体がじんわり伸びて気持ちがいいものですか？　それとも、痛くてつらいものですか。正しいストレッチはまったく痛くありません。

そもそも、体が硬いという自覚のある人が、ストレッチをして痛みを感じる場合、腱（骨と筋肉をつなぐ繊維組織）や靭帯（骨と骨とをつなぐ繊維組織）が無理やり伸ばされていることがほとんどです。

骨と骨、骨と筋肉をつなぐ靭帯や腱は、本来は伸びにくいもの。これを無理やり伸ばすのですから、それは痛いに決まっています。また、伸ばすといっても、実際には小さく断裂をしている状態ですから、痛みをガマンして伸ばすというのは傷を深くしているようなものなのです。

靭帯や腱を無理に伸ばしてしまうのは、スポーツ中の不意のアクシデントなどで強い力が加えられてしまう場合か、生活習慣やスポーツでの間違ったフォームにより、骨の位置がずれている場合が考えら

体を動かしたときの骨と筋肉の関係

骨格の状態によって、筋肉との関係が大きく変わります！

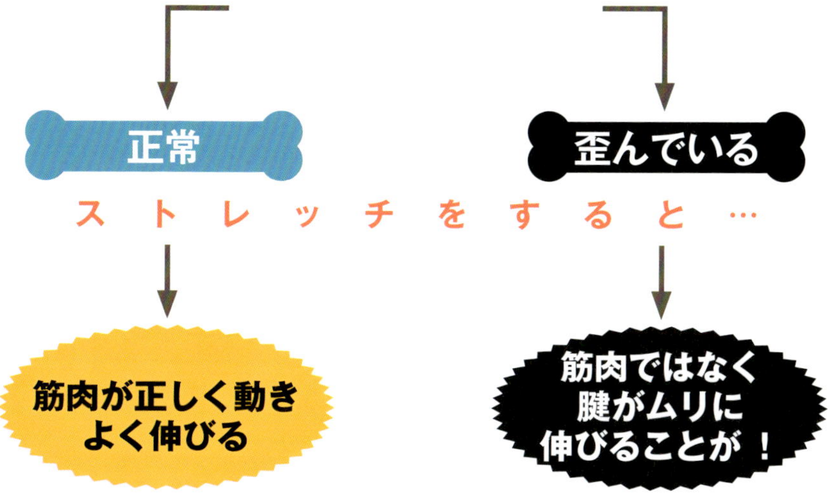

れます。

つまり、意識して歪んだ骨格をリセット（＝正しい状態に戻す）してあげることが重要なのです。

一方で、筋肉は収縮によってその能力を発揮します。しかし、一生懸命伸ばそうとするほど、逆に防御反応で縮もうとする特性を持っています。

せっかく筋肉が伸ばせていても、痛くなるまで伸ばしてしまったら反射によって縮んでしまい、元も子もありません。

〝じんわり気持ちいい〟で、ストレッチの恩恵を最大限手に入れましょう！

まとめ

歪んだ骨格では筋肉を十分伸ばせない

あなたがストレッチの効果を感じられないワケ ②

柔軟性が運動パフォーマンスをあげるわけではない

体が柔らかい人のほうが、運動能力が高いと思いますか？

じつは、そうとも言い切れないのです。

実際、トップアスリートでも体の硬い人はいます。運動能力が高いというのは、目的の動作ができるということです。目的の動作を自在に操るには、筋肉の連携がスムーズにいくことが必要になります。意外かもしれませんが、筋肉の連携がスムーズになると可動域が大きくなります。

体の柔らかい人のほうが、可動域が広いイメージがあるかもしれません。しかし、柔軟性といって思い浮かべる、開脚や前屈などは「静的柔軟性」であり、運動能力で必要なのは思い通りに動かせる体のスムーズな連携。つまり、〝自分で動かすことのできる可動域〟「動的柔軟性」が求められるのです。

筋肉や関節は使えば徐々に硬くなっていきますし、テニスやサッカーなど、利き手や利き足を多用する

スポーツでの柔軟性が高いメリットとデメリット

筋肉の柔軟性が高いとどんなメリットとデメリットがあるのでしょうか？

メリット

- 不意に起こる衝撃を吸収できる
- 関節可動域が広い分、手足の動きに加速度が加わり、高いパフォーマンスを発揮
- 芸術性を競うスポーツでは演技を美しくみせる

デメリット

- 関節が不安定なため、捻挫や骨折をしやすい
- 過度なストレッチにより過剰な負荷をかけやすい
- 体の安定性が低くケガをしやすい

ものや、野球やゴルフのように体の一部分だけを特に使うものなど、スポーツは体のバランスを崩しやすいもの。

そこでストレッチの出番です。筋肉を伸ばすことで本来の柔らかさ、体のバランスを取り戻し、連携をスムーズにします。

もっといい記録を残したい、試合で活躍したい、いい結果を残したい…。だったらなおさら、手に入れるのは「動的柔軟性」。痛い思いをしてまで、〝体を柔らかくする〟ためだけのストレッチをする必要はないのです。

まとめ

ストレッチは筋肉の動きをよくするため行う

あなたがストレッチの効果を感じられないワケ ３

大きな筋肉ばかり意識していると関節の可動域は狭くなる

筋肉をイメージしながら柔軟や筋トレをするとより効果が高まる。このようなことを聞いたことがあり、実践している人も多いのではありませんか。

しかし、この筋肉のイメージがあなたの関節の可動域を狭める原因になっているかもしれません。

例えば、６つに割れた腹筋やたくましい二の腕の力こぶなど、意識がいきやすいのは一番目立つ部分ではないでしょうか？

関節の可動域は、骨と骨の動く幅で決まります。骨が正しい位置にあるということは大切ですが、ではこの骨を動かしているのは何かというと…骨と筋肉とをつなぐ「腱」になるのです。

つまり、関節の可動域を広げようと思いストレッチする時に意識するといいのは、筋肉と腱のつなぎ目。筋肉の末端部分です。

野球でボールを投げる、ゴルフのスイングをする、サッカーでボールを蹴る、水泳で水をかく…どんな

関節の可動域は骨と筋肉どちらが重要か ？

可動域はどのようにして決まってくるのでしょう

骨

ずれているとどんなに可動域を広げたくても広がらない

筋肉

筋肉はいくつになっても成長させることができる

▼▼

つまり

可動域を広げるには骨格を整えることから!

運動であっても、大きな筋肉と小さな筋肉が連動することで、滑らかでダイナミックな動きが可能になります。

それなのに、多くの方が大きい筋肉の大きな動きにばかり心を奪われ、小さな筋肉との絶妙なバランスを忘れてしまっています。

そこで本書では、大きい筋肉はもちろん、小さい筋肉の繊細なストレッチも紹介しています。正しいフォームやポイントをよく読んで、順序よくストレッチを行ってみましょう。

まとめ

骨の位置、小さい筋肉も可動域に影響する

あなたがストレッチの効果を感じられないワケ 4

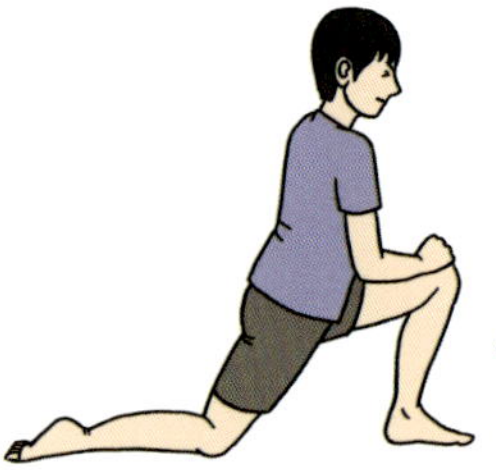

膝、肩、肘…。ケガのもとは腱の伸ばし過ぎ！

ルーズショルダー、ランナー膝、ジャンパー膝など、関節の名前がついた故障は多いものです。しかし、体を動かしながら伸ばす動的ストレッチや、前屈などそのままのポーズを維持する静的ストレッチなどを、体にいいからとやみくもにやるだけでは、逆にケガを引き起こす原因となってしまいます。

なぜなら筋肉はその形状によって、ストレッチの仕方が異なるからです。中央が太く、その両端が腱につながるために細くなっている「紡《ぼう》錘《すい》状《じょう》筋」。動かすことで筋肉の柔軟性が上がるため、小刻み、もしくは動的ストレッチが向いています。中央に走る腱から、筋繊維が羽のように両側に伸びている「羽《う》状《じょう》筋」は、伸びにくい腱が中央を走っているので、ゆっくりじんわりと伸ばす静的ストレッチと呼ばれるものが向いています。筋頭が複数に分かれ、数によって二頭筋や三頭筋などと呼ばれる「多《た》頭《とう》筋」、筋肉の途中に垂直方向に腱があり、筋肉の途中

筋肉のタイプと適した伸ばし方

筋肉はそれぞれのタイプによって伸ばし方が違います

紡錘状筋	羽状筋	集束状筋
中央が太く、その両端が腱につながるために細くなっている、一般的にイメージされる筋肉	中央に走る腱から、筋繊維が羽のように両側に伸びている筋肉	多頭筋や鋸筋など、いくつかの筋肉が束になっている状態のもの
▼	▼	▼
小刻みに動かすバリスティックストレッチ、動的ストレッチが適する	反動を使わない静的ストレッチが適する	関節を動かす動的ストレッチが適する

が複数に分かれている「多《た》腹《ふく》筋」、筋肉の形がのこぎりのように一方がギザギザしているように見える「鋸《きょ》筋《きん》」。このタイプは、筋肉のつけ根が複雑にいくつもあるので、動かすことで、筋肉の束それぞれをあますことなく伸ばすことができます。

力任せに伸ばしていると腱や靭帯を無理に伸ばすことも…。伸ばしたい筋肉がストレッチできるように、正確なポーズと適切なストレスをかけてあげられるかがポイントになります。はじめは難しいかもしれませんが、本書のポーズと方法に習いながら、丁寧にストレッチしてみてください。

まとめ

筋肉には筋肉のタイプに合った伸ばし方がある

正しい骨の位置を知らないと、いつまでも体を痛め続ける！

疲れた時にぐーっと伸びをする。これは私たちの体が、凝り固まった筋肉を伸ばすだけでなく、歪んでしまった骨格を正そうとしているからです。

しかし、ただ伸ばすだけでは歪んだ骨格は正しい位置に戻りません。そこで、もう一度、歪みのない状態を体に教えてあげる必要があるのです。

とはいえ、パソコン作業が多い、スマホを見続けてしまう…。私たちの生活習慣には、骨格を歪ませてしまう一因が多いものです。だからこそ、骨格リセットを習慣にすることで、体が正しい骨格を覚え直します。一度、正しい位置を覚えると、歪んでいることを不自然な状態と認識し、体は自然と正しい位置へ戻ろうとします。

骨格の歪みというと、背骨や肩甲骨、骨盤など大きな骨を思い浮かべる人が多いかもしれませんが、じつは小指の骨ひとつがずれていても、体のバランスは崩れてしまうものです。そして、小指の骨ひと

骨格リセットで起こる身体の変化

効果は一時的なものだなんて思っていませんか？

骨格リセット
各関節や骨の形状に無理のない骨格（配置）になる

▶ **無意識でも正しい位置に!**
本来の偏りや無理のない位置を体が覚える

▶ **筋肉の付き方も変化する!**
部分的な踏ん張りで太くなっていた筋肉も不必要に

▶ **より美しく動く体に!**
スムーズで全身のバランスが取れた体と動きが手に入る

つが整うだけでも、足全体のバランスが整い、足の運動が伝わって動く骨盤の動きが整い、体の軸のブレが修正されます。

小さい、末端の骨や筋肉ほど、体幹に大きな影響を与えるもの。しっかりと骨格をリセットし、じっくりとストレッチして体の変化を感じてみてください。

また、少しずつでも続けるのが一番のポイントです。一度に伸ばしすぎると肉離れの原因にもなりますから、日々の習慣から体を整えていくのがおすすめです。痛すぎず伸ばしすぎず、気持ち良い、痛気持ち良いくらいを日々の生活に取り入れてみましょう。

まとめ

骨格がリセットされると、体は正しい位置に戻ろうとする

知っておきたいストレッチ用語

ストレッチをする際に、写真を見れば体の動かし方はだいたいわかります。しかし、専門用語を知れば、体の動かし方がより深く理解できます。

伸展《しんてん》

関節の両側の骨の角度を大きくしていく動きのこと

屈曲《くっきょく》

関節の両側の骨の角度を小さくしていく動きのこと

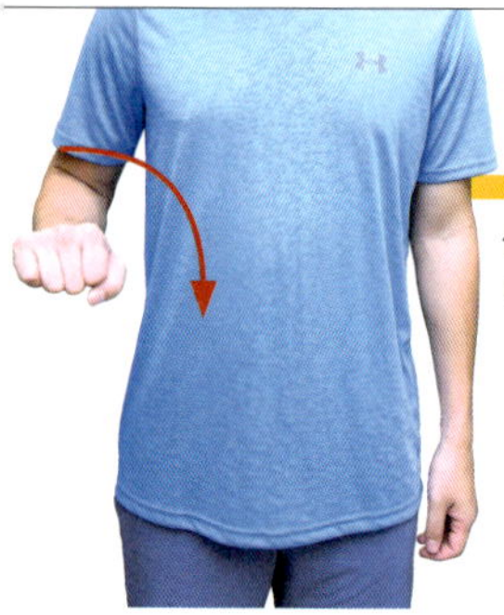

回内《かいない》

体の一部を軸として内側に回す動きのこと

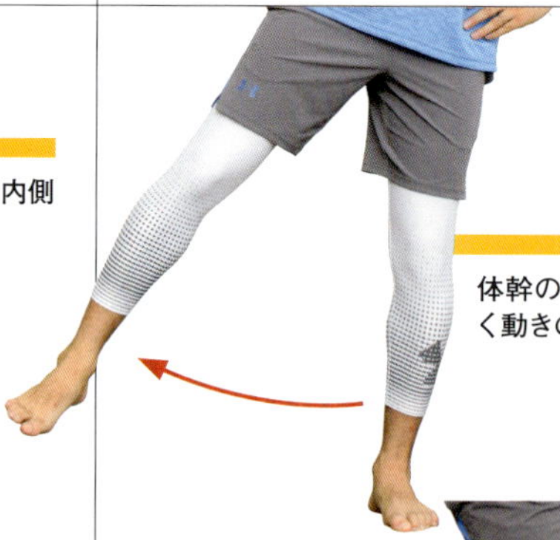

外転《がいてん》

体幹の中心から離れていく動きのこと

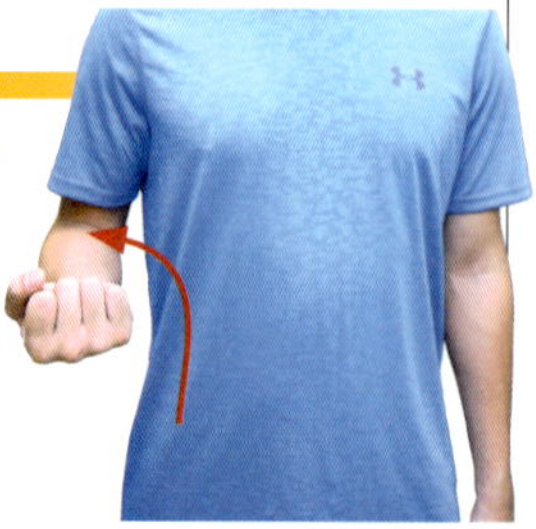

回外《かいがい》

体の一部を軸として外側に回す動きのこと

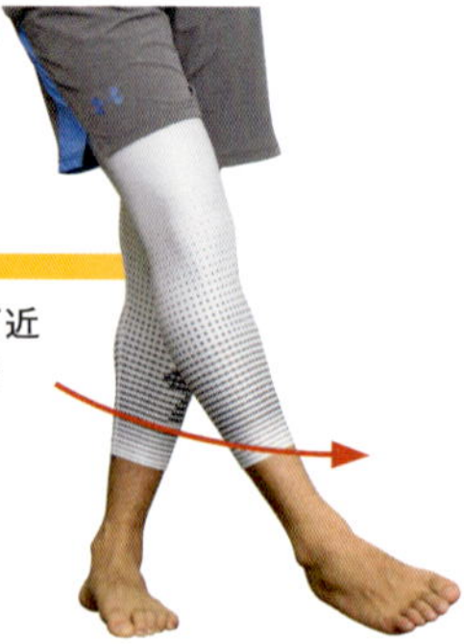

内転《ないてん》

体幹の中心に向かって近づいていく動きのこと

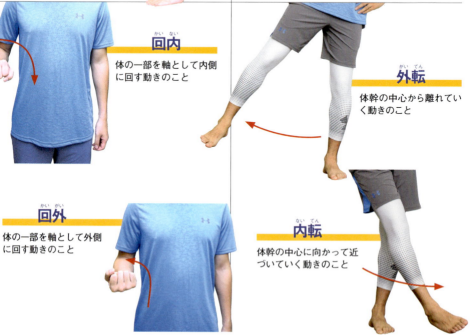

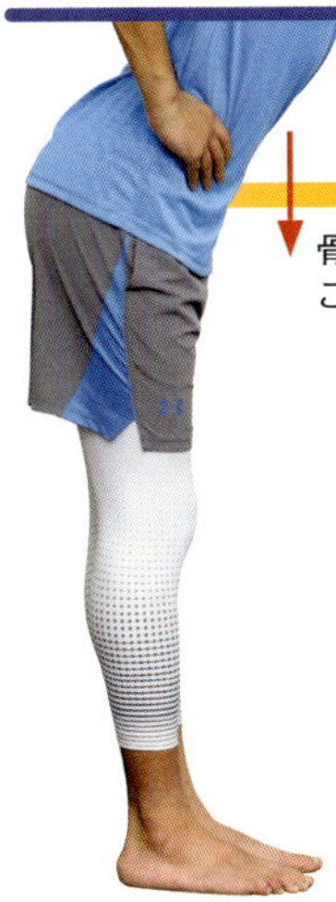

前《ぜん》傾《けい》

骨盤が前方へ傾く動きのこと

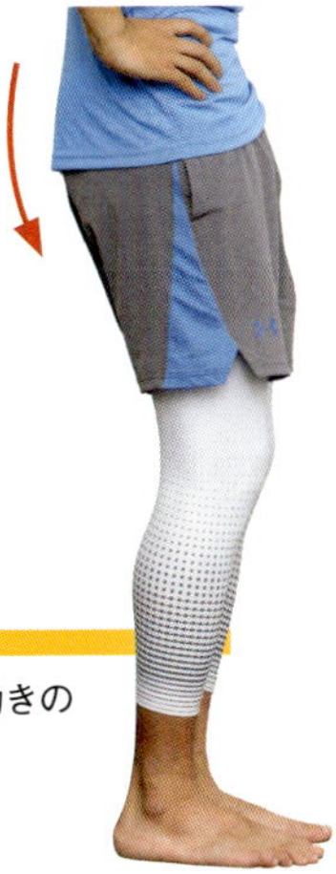

後《こう》傾《けい》

骨盤が後方へ傾く動きのこと

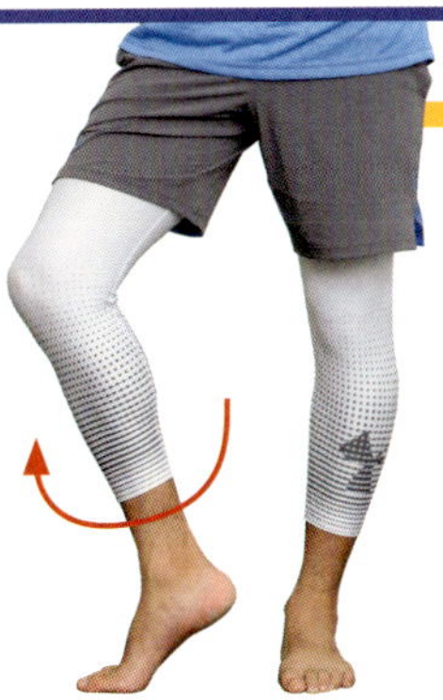

外《がい》旋《せん》

四肢が長骨を軸に位置を変えずに外回りをする動きのこと

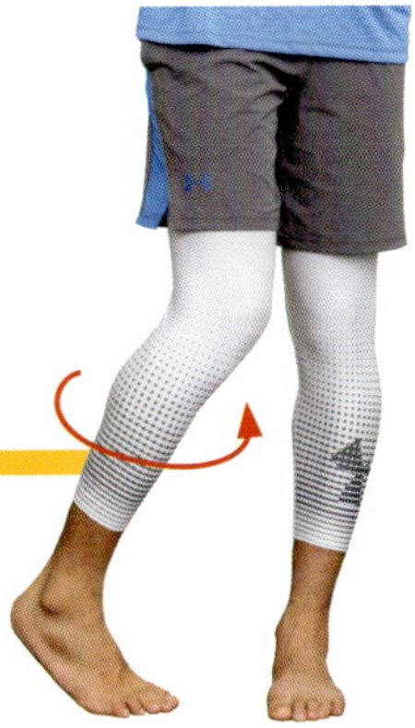

内《ない》旋《せん》

四肢が長骨を軸に位置を変えず内回りをする動きのこと

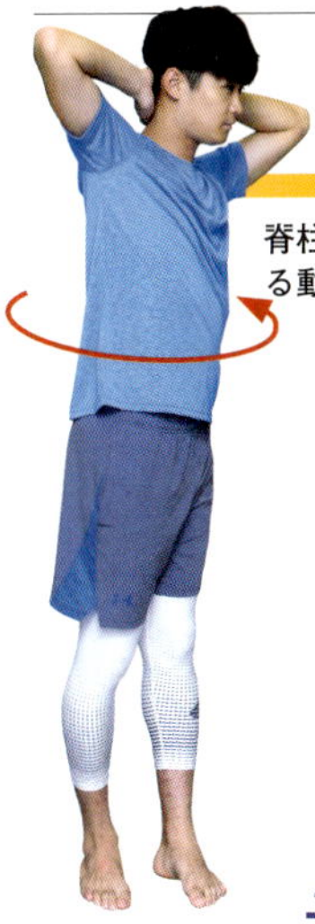

左《ひだり》回《かい》旋《せん》

脊柱を中心にして左に回る動きのこと

右《みぎ》回《かい》旋《せん》

脊柱を中心にして右に回る動きのこと

左《ひだり》側《そっ》屈《くつ》

腰部や頸部が体の中心から左へ曲がる動きのこと

右《みぎ》側《そっ》屈《くつ》

腰部や頸部が体の中心から右へ曲がる動きのこと

column. 1

ストレッチの基本は「遠く」から「近く」へ

普段スポーツをする時は、何のストレッチからはじめますか？

まわりの人のまねをして？

とりあえず、前屈？

腰が痛いから体側を伸ばす？？

じつは正しいストレッチには順番があります。

体の中心から遠い末端部分、つまり指先からはじめて、徐々に体の中心、体幹部分へ進めていきます。

なぜなら、体は前後左右のバランスがあり、上下半身、さらには末端と体幹との密接なバランス、そして連携を図っているからです。

スポーツでは大きな筋肉が小さな筋肉へ動きを伝えるのに対し、ストレッチでは末端の動きが中心に伝わっていきます。つまり、末端がねじれていたら歪みは矯正されないのです。指のねじれは波紋のように全身に広がります。体の中心に来るころには大きなねじれに。そしてどんなに体の中心のねじれをとっても指先のねじれが残っていたら、また体はねじれ、歪みが悪化してしまうのです。

また、指先の動きは脳とも深いつながりがあります。歪みによって動かない、動きが悪いとなれば、脳から出される体への指令もスムーズにいかなくなってしまいます。

ストレッチにおいて、気になる個所は念入りにやってもいいのですが、末端部分をないがしろにしてはいけないのです。

第2部

骨を整え、筋肉を伸ばす
骨格リセットストレッチ

日々の生活習慣によって歪んでしまった骨格を整え、
使うべき時にしっかりと筋肉に働いてもらうための
方法を紹介していきます！

ストレッチの前に

骨のズレを見てみよう！

パソコンやスマホを長時間使っているせいでしょうか。姿勢の悪い人が増えているように感じます。これは運動習慣のある人もです。

上半身の歪みとして多いのが、肩が前に出て、内に巻かれている状態。腹直筋や小胸筋が硬く、上半身が支えられていないのが原因です。前かがみになっていると肋骨も一緒に曲がるので、肋骨の下のほうが内側にえぐれている場合も多いです。

下半身の歪みとして多いのは、骨盤のゆがみや膝関節がゆるんでいるケース。もし、腰や膝の歪みに不安を感じたら足先を見てみてください。指が立てられない、小指の爪が横を向いている…。このような症状がみられたら、足の骨の歪みが全身に影響を与えているのです。

あなたの体はどうなっていますか？　いつも通りに鏡の前に立ってみてください。左ページを参考に、自分の体がどうなっているか一つひとつチェックしていきましょう！

いつも通り立ってみよう!

鏡の前に立って、
5つのポイントをそれぞれ
チェックしてみてください

肩の位置は？

肩の高さは左右が同じになっていますか？　また、横からみると肩の位置が体側上にありますか？　体より前方に出ていませんか？　手を頭上に上げると、腕は耳に届きますか？

あばらをさわると？

猫背気味の人はあばら骨の下部が内側にえぐれるような状態になっていることが多いです。左右のあばらは同じ位置にありますか？

腰はまっすぐ？

腰の高さは左右同じですか？　また横から見て、前傾過ぎたり、後傾過ぎることはありませんか？

膝はどこを向いている？

まっすぐ前を向いているはずなのに、片膝だけ外側を向いている、両方とも内側を向いているなんてことはありませんか？

足の指は？

指先はまっすぐになっていますか？　反ってはいませんか？　また親指が外反母趾気味だったり、小指が薬指にくっついてはいませんか？

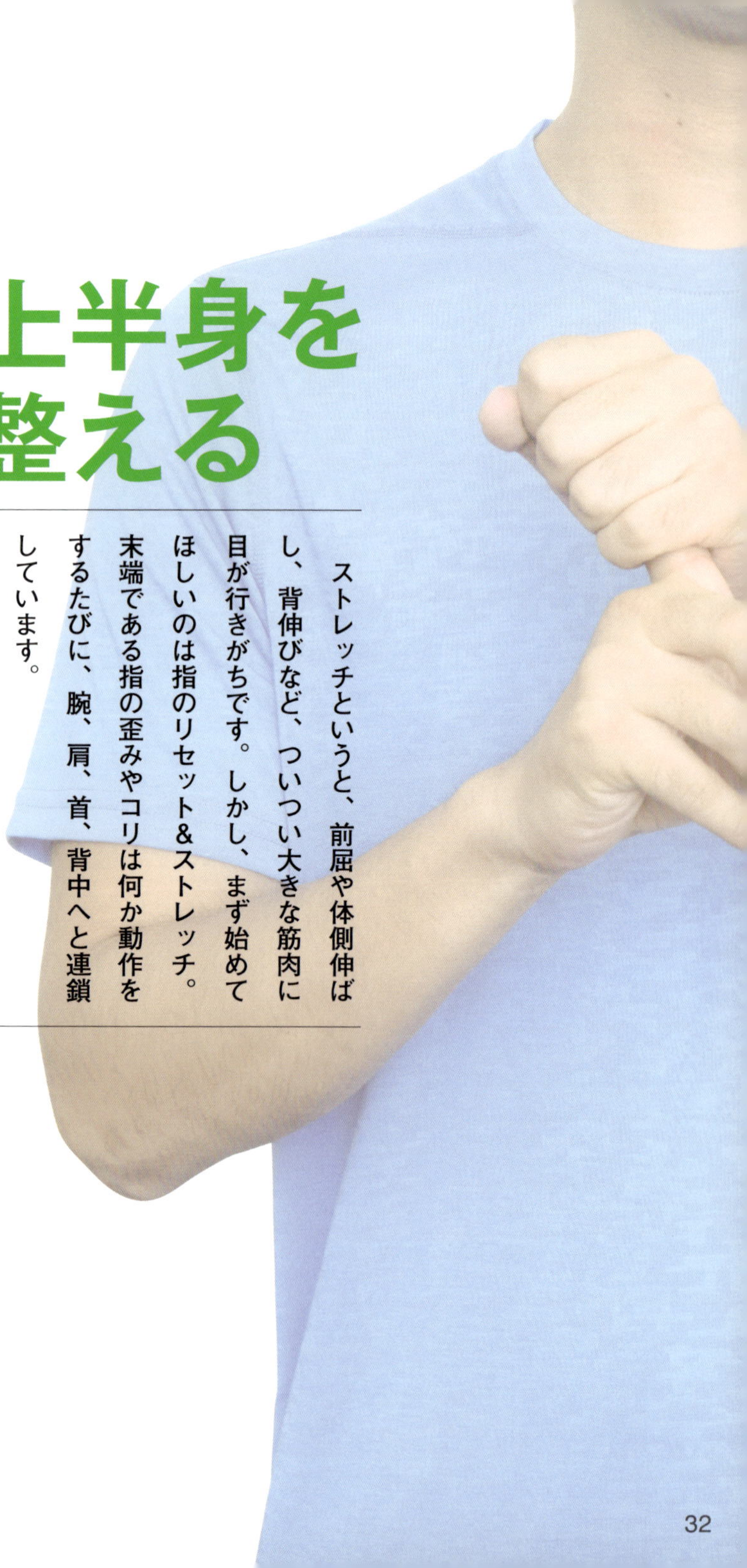

上半身を整える

ストレッチというと、前屈や体側伸ばし、背伸びなど、ついつい大きな筋肉に目が行きがちです。しかし、まず始めてほしいのは指のリセット&ストレッチ。末端である指の歪みやコリは何か動作をするたびに、腕、肩、首、背中へと連鎖しています。

頑固な肩凝りや直らないフォームのくせが指の歪みにあるということも。それくらい、末端と体幹は密接につながっているのです。

腕や背中の筋肉のストレスが取り除か

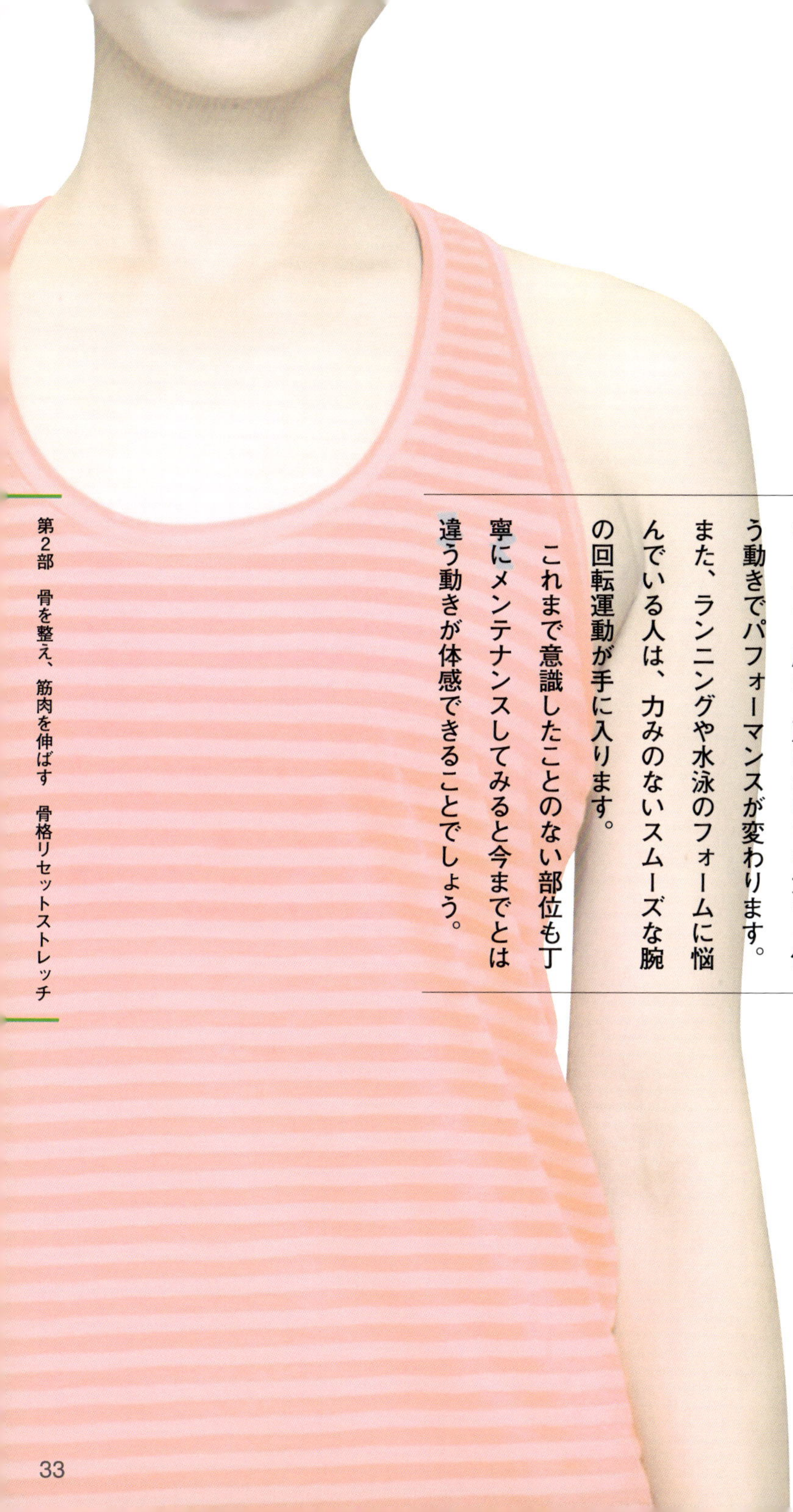

れ、動きがよくなると肩や肘関節の可動域が広がります。野球やテニスなどのラケットスポーツ、クライミングやバレーボールなど腕から肩にかけてを大きく使う動きでパフォーマンスが変わります。また、ランニングや水泳のフォームに悩んでいる人は、力みのないスムーズな腕の回転運動が手に入ります。

　これまで意識したことのない部位も丁寧にメンテナンスしてみると今までとは違う動きが体感できることでしょう。

ストレッチ 01

半羽状筋　静的　呼吸○

指絞り

指の筋肉の凝りは肩の歪みや肘関節のズレにつながります。指は体の小さな一部分に過ぎないかもしれませんがそのねじれは波紋のように全身に広がります。

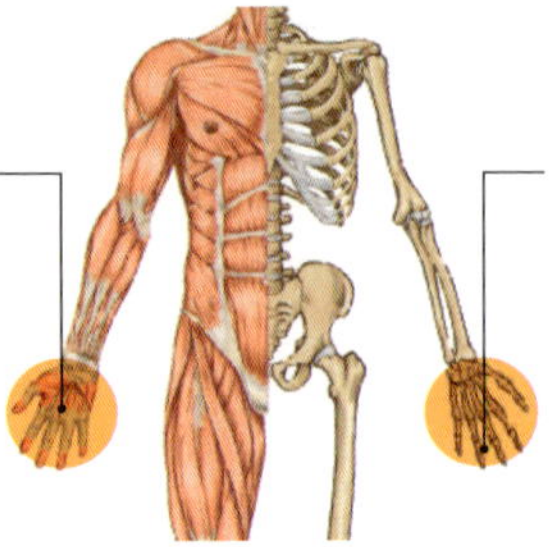

伸ばす筋肉

虫《ちゅう》様《よう》筋《きん》

指の付け根を曲げる筋肉。クライミングでは柔軟性と固定力が欠かせない。ピアノやパソコン作業でも使う筋肉なので、凝っている人は意外と多い

整える骨

第《だい》2《に》〜第《だい》5《ご》基《き》節《せつ》骨《こつ》

指の中で、関節によって分けられている1つひとつの部分のこと。指節の間の関節は指節関節と呼ばれ、指の根元のほうから、基節、中節、末節という

骨 Reset 右の指を左手でつかむ

つかまれるほうの指をまっすぐにします。根本からしっかり握ることで、普段は曲がった状態のままになっている指節がまっすぐになります。指がねじれている場合、関節ごとに第一関節は外側、第二関節は内側、第三関節は外側のように交互にねじれています。

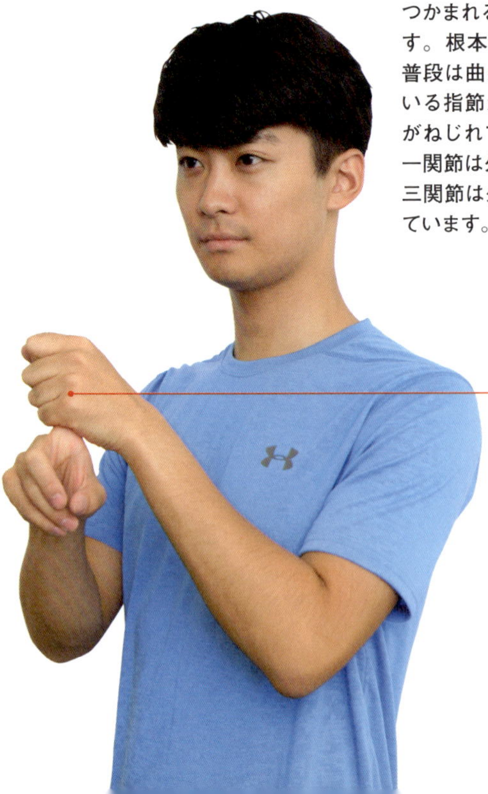

point

指の腹側からつかむ

指をつかむときは、腹側からつかんだほうがねじりやすい

筋肉 Stretch

右回りにひねって3秒

指をつかんだまままゆっくり内側に回旋します。
痛くないところで3秒キープ。次に外側にゆっくり回旋し、
痛くないところで3秒キープします。ほかの指も順に行っていきましょう。

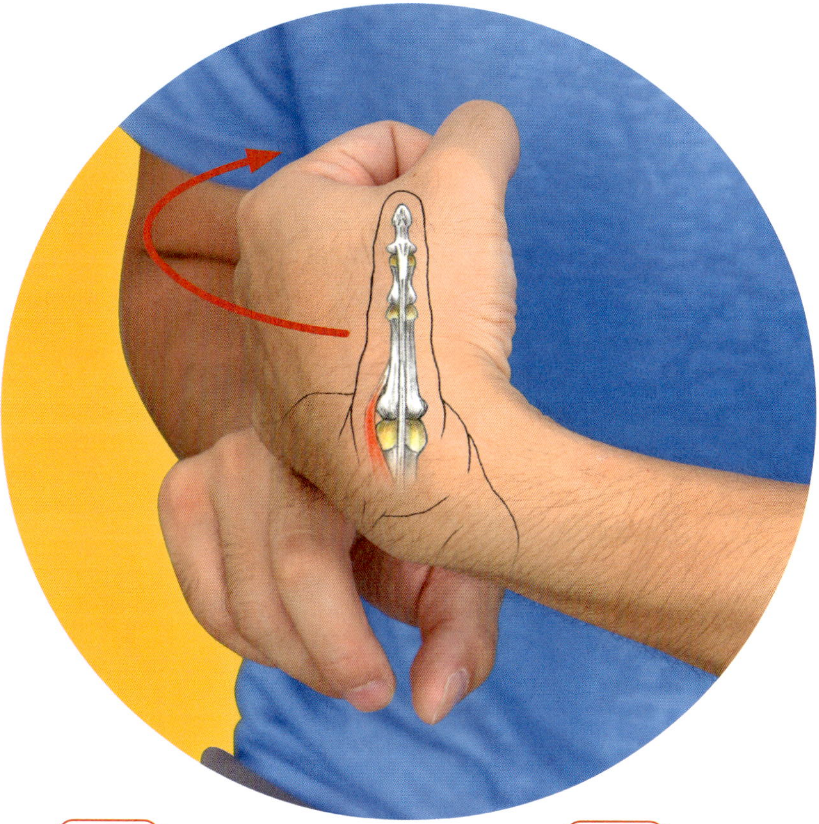

point

小指に向かって1本ずつ

親指からはじめ、小指に向かって1本ずつ行おう

point

反対まわりにもひねる

必ず両方に回旋すること。これでバランスが整います

point

指が変わると肩・背骨も変わる

指のねじれに引っ張られていた肩・背骨の歪みの改善も期待できます

ストレッチ 02

紡錘状筋　動的　呼吸○

拇音相撲

親指はほかの4本の指と違って可動域が大きいのが特徴。その分、凝りやすいのでしっかりほぐしてあげることが大切です。

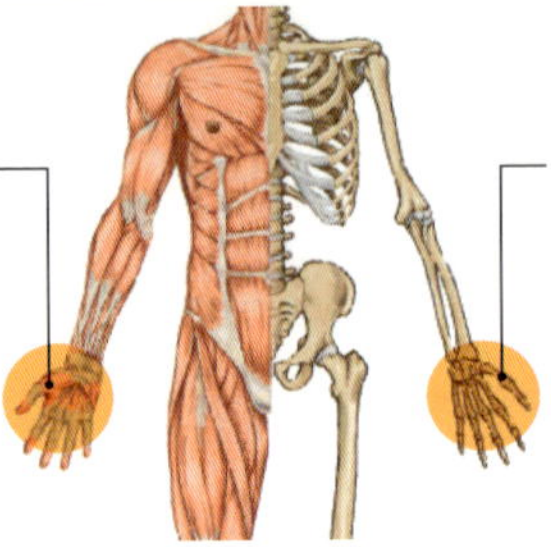

伸ばす筋肉

短《たん》母《ぼ》指《し》屈《くっ》筋《きん》

母指球にあたる部分。手を握る時に関与しますが特にバットやラケットなどをしっかり握る時に活躍する筋肉

整える骨

母《ぼ》指《し》基《き》節《せつ》骨《こつ》

親指の付け根にあたる部分の骨。運動時に骨折などをしやすい部位

骨 Reset

親指同士をくっつける

両手の親指の腹同士をくっつけます。その時に、右の親指がまっすぐ伸びた状態にし、左の親指はそえる感じにしましょう。ふだん曲がりがちな親指のつけ根がまっすぐになります。

point

指はまっすぐ立てる

そえる親指は、立てた親指の腹の上のほうに乗せると指がまっすぐになります

筋肉 Stretch
ぐっと押して3秒

ゆっくりと右親指を外側に押していきます。
痛くないところで3秒キープ。手を入れ替えて左手の親指も
同様に右の親指でゆっくりと押していこう。

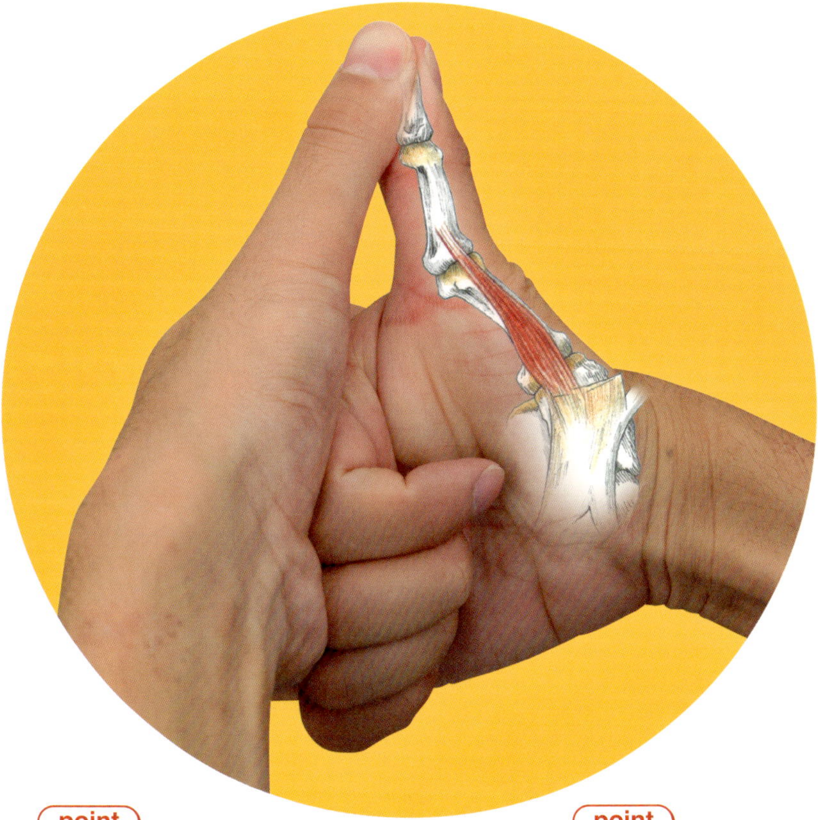

point
一気に押さない
動いている時に伸びる筋肉なので、じんわり動かすとより伸びます

point
痛いところまでしない
筋が浮かび上がるくらい強くする必要はありません。じんわり伸びを感じる程度でOK

point
母指球のほぐれを感じる
普段縮めることの多い部位なので、デスクワークなどの合間に伸ばすのも良いでしょう

ストレッチ 03

紡錘状筋　動的　呼吸○

サムズアップ

親指の指先から、つけ根、手首に至る部分まで、親指に関わる骨を整えます。筋肉は母指球の表面部分を伸ばし、スムーズな親指の動きを実現します。

伸ばす筋肉

母《ぼ》指《し》外《がい》転《てん》筋《きん》

母指球の内側表層に位置する。母指球の内側の膨らみを形成する筋肉でもある

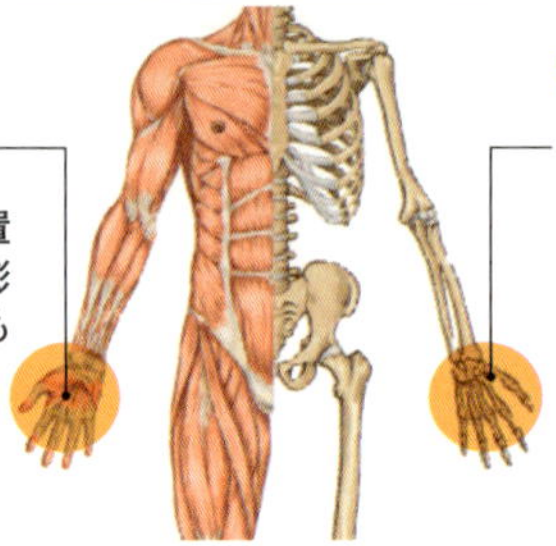

整える骨

母《ぼ》指《し》基《き》節《せつ》骨《こつ》

親指の付け根にあたる部分の骨。運動時に骨折などをしやすい部位

骨 Reset 右手の親指に左手の指をかける

右手の親指を立てて、そこへ左手の指をかけます。このとき親指のつけ根を左手で支えるようにするとまっすぐになります。これによって、複雑に動く親指のつけ根の位置が整います。

point

親指のつけ根を意識

伸ばした親指のつけ根を意識すると関節がまっすぐに伸びます

筋肉 Stretch

親指を手の裏側へ押す

右手の親指を手の甲側に向かってゆっくりと押していきます。
痛くないところで3秒キープ。手を変えて、
反対の手でも同じように行いましょう。

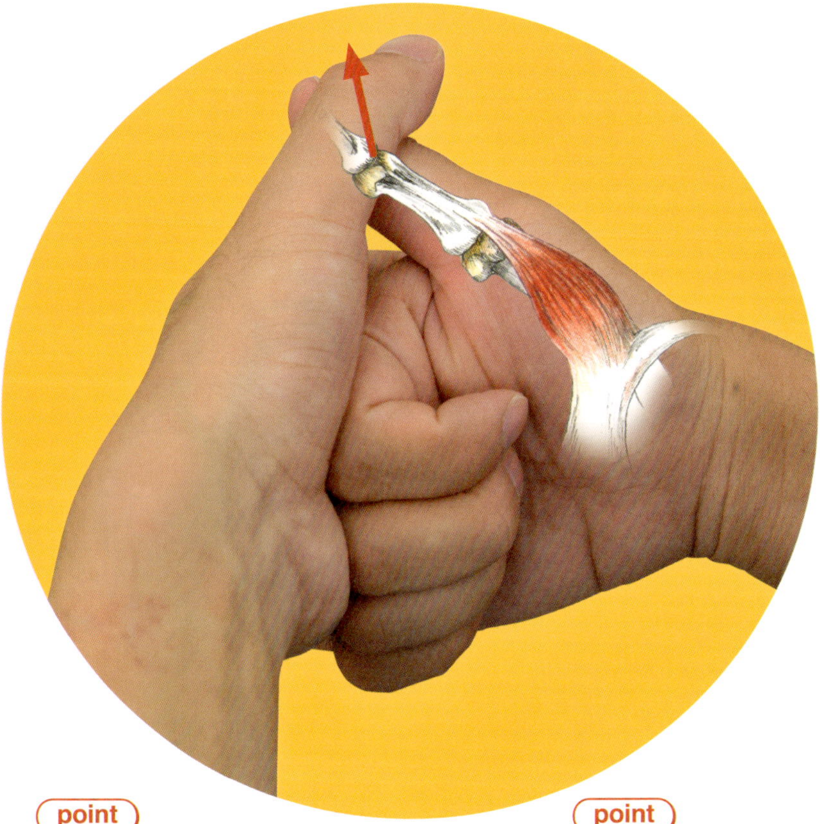

point

一気に押さない

動いている時に伸びる筋肉なので、小刻みに動かすとより伸びます

point

親指の関節はまっすぐに

親指の関節を曲げてしまうとうまく筋肉が伸びないので曲げないようにしよう

point

母指球のほぐれを感じる

普段縮んでいることの多い部位なので、空いた時間に伸ばしてもOK

ストレッチ 04

紡錘状筋　動的　呼吸○

指切り

親指とともに、バランスが悪くなると、手、腕、肩、首…と全身に影響を与えるのが小指。小指を立ててみるとまっすぐになってない人が意外と多い。

伸ばす筋肉

小《しょう》指《し》外《がい》転《てん》筋《きん》

小指を外転、屈曲する筋肉。手掌のもっとも外側に位置している

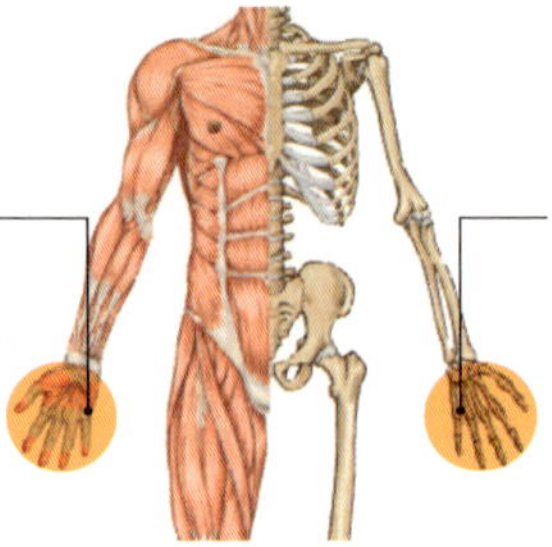

整える骨

小《しょう》指《し》基《き》節《せつ》骨《こつ》

小指の付け根の部分にあたる

骨 Reset

右手の小指を立て、左手の指をそえる

右手の小指だけ立てて、左手の指を上方にそえます。第一関節や第二関節は、ずれやすいので、まっすぐになるようにしましょう。

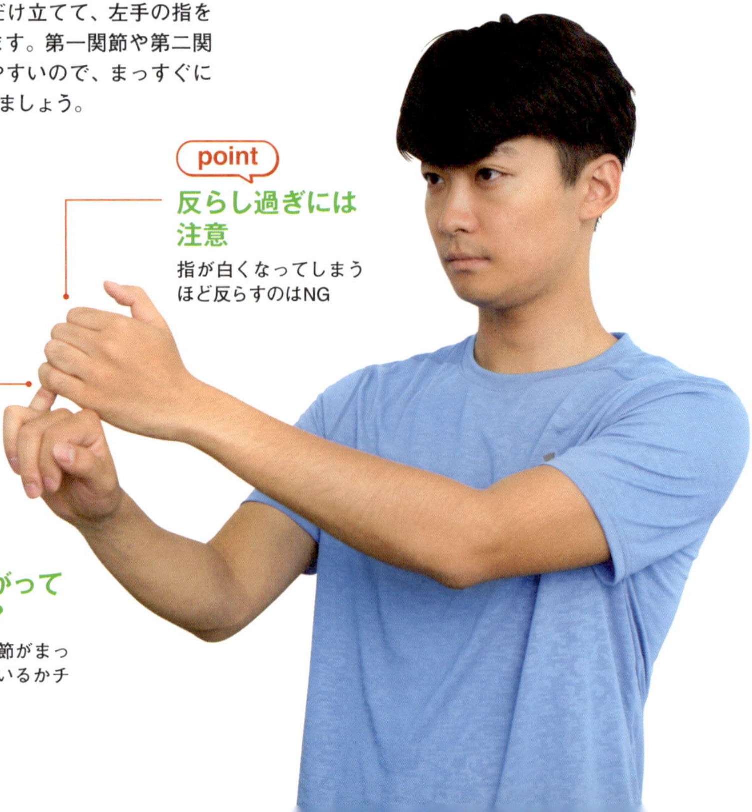

point

反らし過ぎには注意

指が白くなってしまうほど反らすのはNG

point

関節は曲がっていないか?

それぞれの関節がまっすぐになっているかチェックしよう

筋肉 Stretch
小指を自分のほうへ押す

左手に力を入れて、小指を自分の体のほうへ倒していき、
痛くないところで3秒キープ。手を変えて、
反対の小指も同じように行います。

point

反らしている時に伸びる

動いている時に伸びる
筋肉なので、じんわり
と伸ばしていこう

point

指が変わると肩・背骨も変わる

腕とのつながりが深く、
巻き肩・猫背の改善に
も効果を発揮します

ストレッチ 05

紡錘状筋　動的　呼吸○

エア壁押し

手の動きに連携して動く上腕の筋肉をほぐすストレッチです。バットやラケット、ボールなど「握る」動作が多い人ほど積極的に取り入れたい動き。

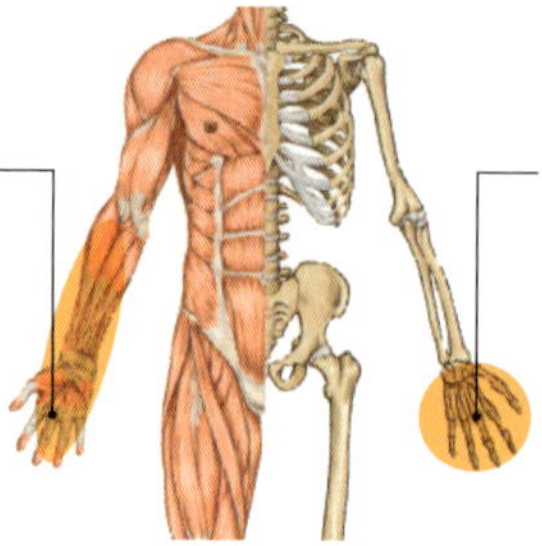

伸ばす筋肉

浅《せん》指《し》屈《くっ》筋《きん》

手を開いたり閉じたりすると動きが確認できる。前腕屈筋の中では最大の筋肉。握りしめることで緊張する

整える骨

第《だい》2《に》〜第《だい》5《ご》中《ちゅう》節《せつ》骨《こつ》

親指以外の第1関節から第2関節にかかる骨。関節に挟まれている骨だが、その動きは上腕にまで影響する

骨 Reset

手の平を上に向け腕を折りたたむ

手の平を開き、まっすぐ前に出します。開いた手の指を反対の手でおさえます。そのまま肘を曲げ腕を折りたたみましょう。物をつかんだり、キーボードを打ったりと、まっすぐになることが少ない指の骨が整えられます。

point

指はまっすぐ立てる

関節が曲がりやすいので、曲がらないようにしましょう

point

脇をしめる

脇が開きやすいので、脇はしめておこう

筋肉 Stretch
そのまま腕を伸ばす

目の前にある壁を押すように肘をひらきながら、
ぐっと腕を伸ばしていきます。早く伸ばすよりも、動いている時の伸びを感じるほうが
よく伸びている証拠。反対の手も同じように行います。

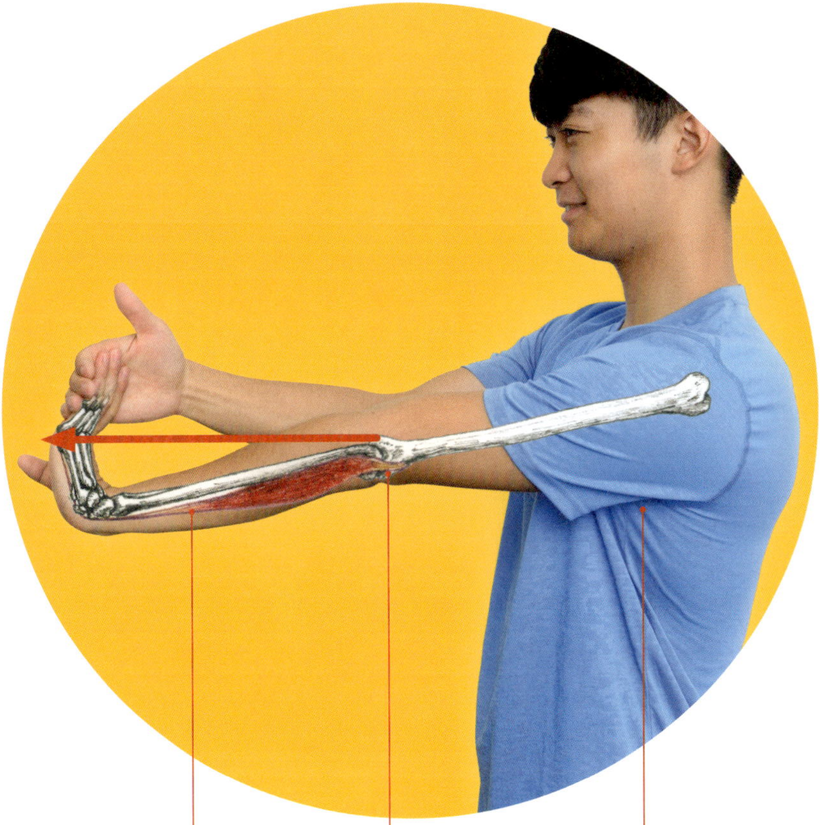

point
ここが伸びていればOK!
手首から肘にかけての前腕部分に伸びを感じていればOK

point
肘は下を向く
肘が横に向きやすいので、腕を伸ばしたときの肘は下向きを意識しましょう

point
脇はしめる
腕を伸ばす時にも脇が開きやすいので、開かないよう気をつけよう

ストレッチ 06

紡錘状筋　動的　呼吸○

ネコパンチ

バレーボールのサーブやスパイクなど、手首を反らす時に使われる
筋肉を伸ばすストレッチです。

整える骨

第《だい》2《に》~第《だい》5《ご》末《まっ》節《せつ》骨《こつ》

親指以外の第一関節より上の指先部分。指先の骨だが、腕の筋肉とのつながりもある

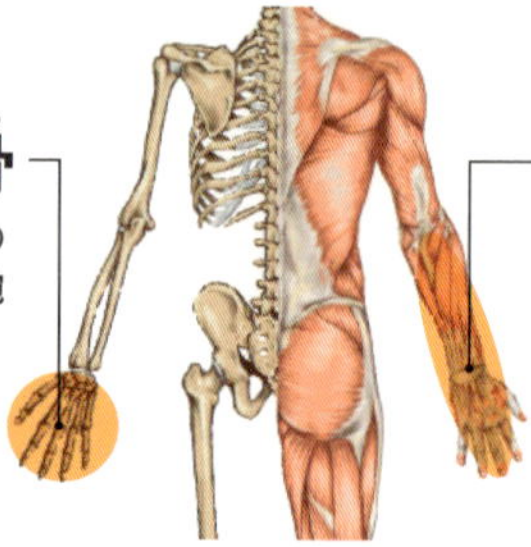

伸ばす筋肉

指《し》伸《しん》筋《きん》

手指の伸筋の中で手指のすべて（親指を除く）を伸展させることができる唯一の筋肉。手関節にも深くかかわってくる

骨 Reset

手の平を下に向け腕を折りたたむ

手は握り、手の平側を下にします。もう片方の手で手の甲をおさえ、肘を曲げ腕を折りたたみます。指関節がそれぞれ正しく曲げられているのを意識しましょう。

point

指はぎゅっと折りたたむ

握って手首を曲げることで指先までの骨が一直線に整います

point

脇をしめる

脇が開いているとリセットどころか歪みの原因に！

筋肉 Stretch

そのまま腕を伸ばす

ぐっとパンチをするように腕を伸ばします。
伸ばしている動作中に筋肉が伸びるので、ゆっくりと時間をかけて伸ばしていきましょう。
反対の手も同じように行います。

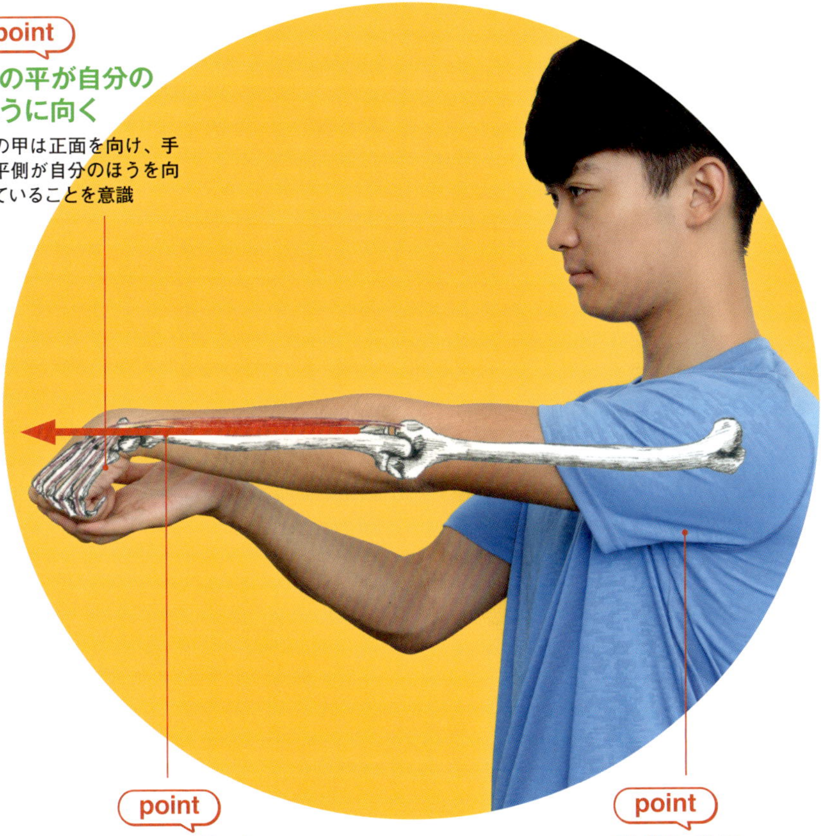

point

手の平が自分のほうに向く

手の甲は正面を向け、手の平側が自分のほうを向いていることを意識

point

ここが伸びていればOK！

手首から肘にかけての前腕部分に伸びを感じていればOK

point

脇をしめる

脇が開いていると、狙った筋肉とは別の筋肉を伸ばしてしまいます

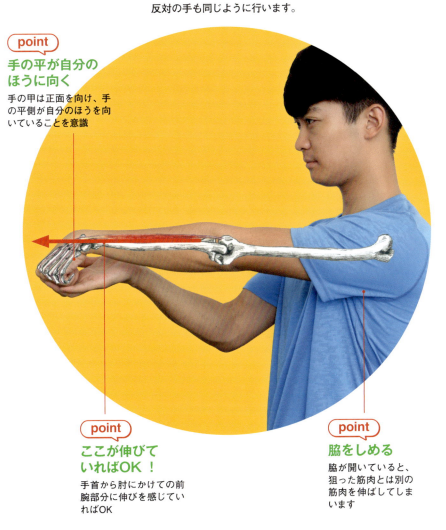

ストレッチ 07　**紡錘状筋**　**動的**　**呼吸○**

テーブル押し

手首を曲げる時に貢献する前腕のストレッチ。野球のピッチングにスナップを効かせたり、バスケットボールのドリブル、バレーボールのスパイクなどで使います。

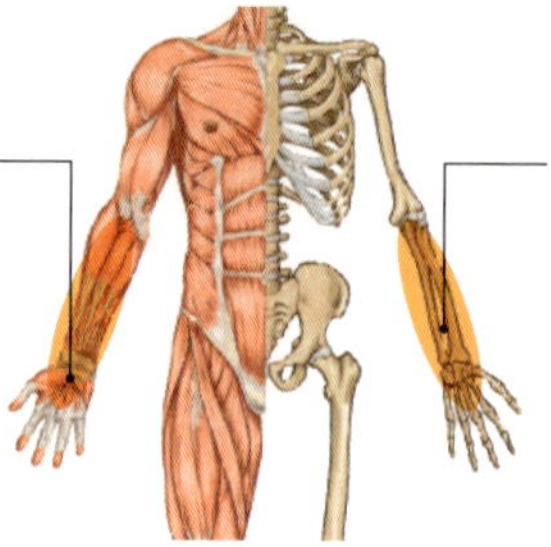

伸ばす筋肉

長《ちょう》掌《しょう》筋《きん》

肘関節と手首の関節をつなぐ筋肉。手首を曲げて〝おいでおいで〟の動作をする時に動く部分である

整える骨

橈《とう》骨《こつ》

前腕の親指側の細長い骨。上端は肘関節の形成。下部の方が太く，下端と手根骨との間に手首の関節をつくる

骨 Reset

右腕を伸ばし、左手で右手をつかむ

手の平を開き、腕を伸ばす。この時に指先が下になるようにする。伸ばした指先を反対の手でつかむ。普段ねじれている腕の骨が整えられます。

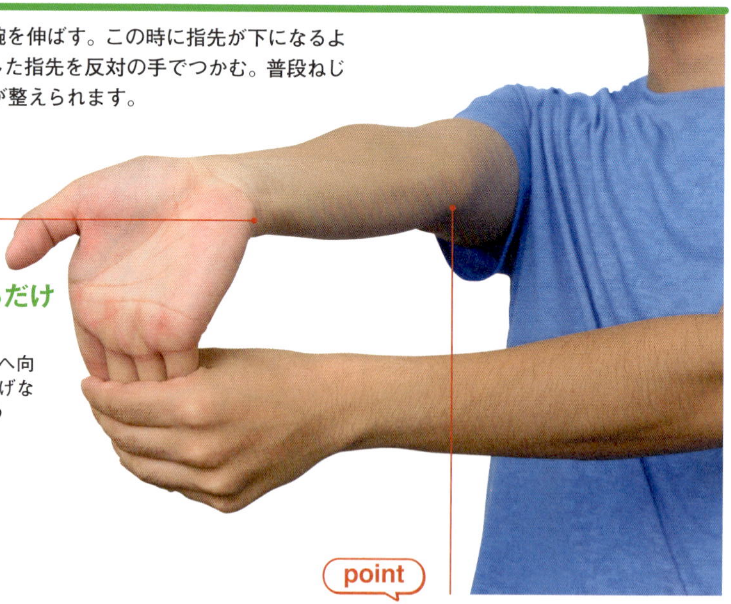

point

手首はできるだけ90度に

指先を自分のほうへ向けるまで手首を曲げないようにしましょう

point

肘を曲げない

肘も下側にきます。曲げないように気をつけよう

筋肉 Stretch
指が外側を向くようにねじる

指先が外へ向くようにゆっくりと回旋させます。
指先が横を向くぐらいの痛くならない場所で3秒キープ。
動いている時に筋肉が伸びるので、伸ばす時はゆっくり時間をかけて行います。

point
指は反らしすぎない
指を自分のほうに引きすぎないようにしましょう

point
肘を伸ばす
肘が曲がりやすいので、しっかり肘が伸びていることを意識しよう

筋肉 Stretch.2
内側を向くようにねじる

次に指先が内側に向くようにゆっくりと回旋させます。
指先が横を向くぐらいの痛くない場所で3秒キープ。
同じようにもう一方の腕でも骨リセットから同じように行います。

point
持ち上げるイメージで
内側のほうがねじりにくいです。持ち上げるイメージで行うと伸びやすいでしょう

point
動くときの動作も大切に
動いている時に伸びる筋肉なので、ゆっくりと伸ばしていこう

ストレッチ 08

紡錘状筋　動的　呼吸○

バッタレッグ

肘を曲げる動きに関わる筋肉を伸ばす。テニスでトップスピンをかけるスイングや柔道の釣り手などでは特に重要な働きをします。

伸ばす筋肉

上《じょう》腕《わん》二《に》頭《とう》筋《きん》長《ちょう》頭《とう》および短《たん》頭《とう》

二の腕の力こぶで知られている筋肉。外側の長頭と内側の短頭で構成されており、肩の関節と肘の関節をまたいで肩甲骨からはじまる

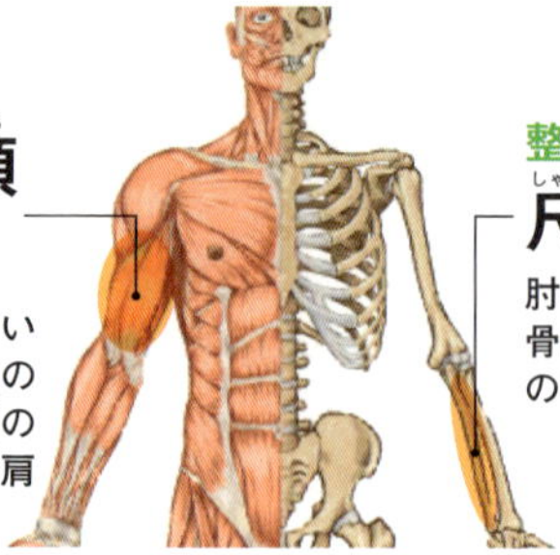

整える骨

尺《しゃっ》骨《こつ》

肘から手首まである前腕の骨のうち、小指側にあるものを指す

骨 Reset

体側に腕をつく

テーブルやベンチなどを使い、体側に手を置きます。この時、手の甲が正面にくるようにします。腰はテーブルやベンチなどにくっつけ、手と背中が一直線になるようにしましょう。ねじれやすい、手関節から肘にかけての尺骨がまっすぐになります。

point

背筋は伸ばす

前かがみになったり、背中が丸まりやすいので、背筋まっすぐを意識

point

脇はしめる

肩と肘が一直線上にくるように、脇はしめておこう

筋肉 Stretch
そのまま体を下げる

背骨は伸ばしたまま腰を落としていきます。体を下げる位置は肩が痛くなる手前でストップ。
その位置で小刻みに上下に揺れましょう。目安は10回ほど。

point
肘は開かない
肘が開かないように意識しながら体を落としていく

point
ここが伸びていればOK!
上腕の力こぶの部分に伸びを感じられれば正しく伸びています

point
背筋はまっすぐ
体を落としていく時に、背骨が丸まらないように気をつけよう

コレは NG!

腕の位置が遠すぎる

おなか・腰が丸まる

ストレッチ 09

羽状筋 静的 呼吸○

うつぶせ

肘を伸ばすことで物を投げたり、体を支えたりするときに使う筋肉を伸ばします。投てきやラグビー、体操、サッカーのキーパーなど幅広いスポーツで大切な筋肉。

整える骨

尺《しゃっ》骨《こつ》

肘から手首まである前腕の骨のうち、小指側にあるものを指す

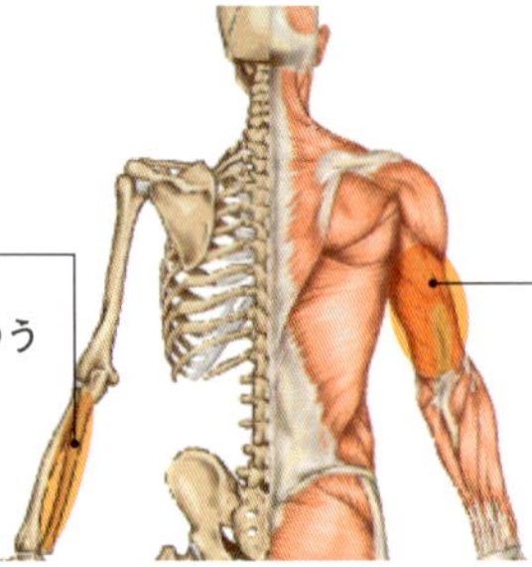

伸ばす筋肉

上《じょう》腕《わん》三《さん》頭《とう》筋《きん》内《ない》側《そく》頭《とう》および外《がい》側《そく》頭《とう》

肘関節を動かす。特に肘を伸ばす時に大きく動く筋肉。肩関節を動かす働きも持っている

骨 Reset

両手をつき、上半身を倒す

肩の下くらいに手のひらを置き、上半身を倒します。これで、肩甲骨から肘先までがフラットな状態に正されます。

point

脇は閉じる

脇が開きやすいので、閉じていることを意識

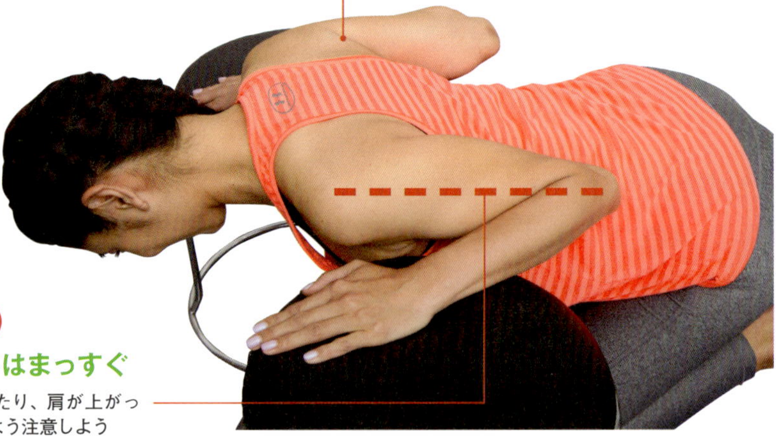

point

肩とひじはまっすぐ

肘が下がったり、肩が上がったりしないよう注意しよう

筋肉 Stretch 肘を上げる

肩の位置は変えずに肘を上げ、10秒キープ。徐々に伸びていく筋肉なので、キープが大事になってきます。上半身が起き上がらないように気をつけましょう。

point

背骨はまっすぐ

丸まったり、起き上がったりせず、まっすぐの背中をイメージしよう

point

ここが伸びていればOK!

腕の裏側、いわゆる「ふりそで」と呼ばれる部分に伸びを感じていれば正しく伸びています

point

片手ずつでもOK

両手を置くような椅子や台がなければ片手ずつ行ってもよいです

コレは NG!

上半身ごと上げてしまう

ストレッチ 10

紡錘状筋　小刻み　呼吸×

祈り

上腕から肩甲骨につながる筋肉のストレッチ。肘関節だけでなく
肩関節のバランスも整えます。腕を使うスポーツ全般で取り入れたい動きです。

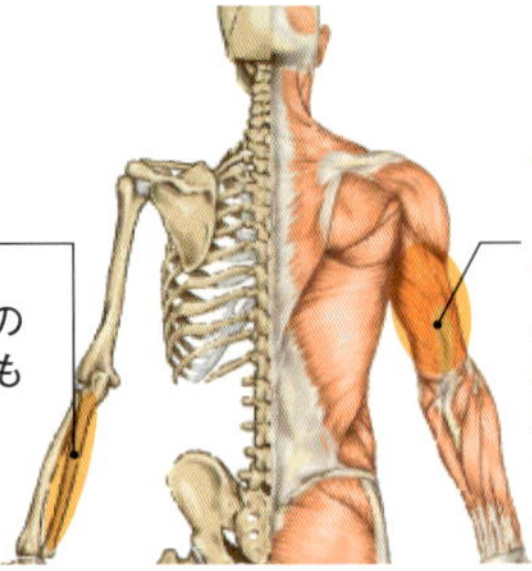

整える骨

尺《しゃっ》骨《こつ》

肘から手首までである前腕の
骨のうち、小指側にあるも
のを指す

伸ばす筋肉

上《じょう》腕《わん》三《さん》頭《とう》筋《きん》長《ちょう》頭《とう》

上腕三頭筋の内側頭と外側頭は
肘関節だけをまたぐのに対して、
肘関節と肩関節の2つをまたい
でいるのが特徴

骨 Reset

肩と手がまっすぐになるように伸ばす

腕を乗せられる台などを利用します。
手は肩幅に広げ、手の平が内側にく
るようにしましょう。肩、肘、手首、
腕の位置が一直線になるように腕を
伸ばします。ねじれやすい尺骨が整
い、各腕関節のずれも正されます。

point

**4つのポイントが
一直線上に**

肩、肘、手首、指先が一直線上
に来ることを意識しよう

point

肘が寝ないよう注意

肘が下にきて寝てしまうとま
っすぐに伸びないので、外を
向く意識を！

筋肉 Stretch
手を頭のほうへもってくる

肘を曲げ、手を頭のほうまで持ってきます。
頭まで来たら、手を元の位置へ下げ、リセットの状態にもどりましょう。
この動作を1セットとし、10回ほど繰り返します。

point

耳の横までいくとだいぶ伸びている

手を上げるのは、伸びている感覚のある部分まででいいが、耳の横あたりまでいくと柔軟性は高い方です

point

ここが伸びていたらOK!

腕の上部外側から、肩にかけての部分「ふりそで」と呼ばれる部分に伸びが感じられたら正しく伸びています

point

体幹の動きもよくなる

肩甲骨のほうへとつながる筋肉なので、体幹の動きがしなやかになります

ストレッチ 11

紡錘状筋　小刻み　呼吸×

後ろ握手

野球やテニスのスイング動作や砲丸、やり投げなど投げる動作に大きくかかわる筋肉のストレッチ。小さな筋肉です。肩関節の動きを良くするには必須。

伸ばす筋肉

烏《う》口《こう》腕《わん》筋《きん》

肩関節の屈曲や内転に関わる筋肉。特に水平内転（腕を上げた状態から横へおろす動作）では重要な役割を果たしている

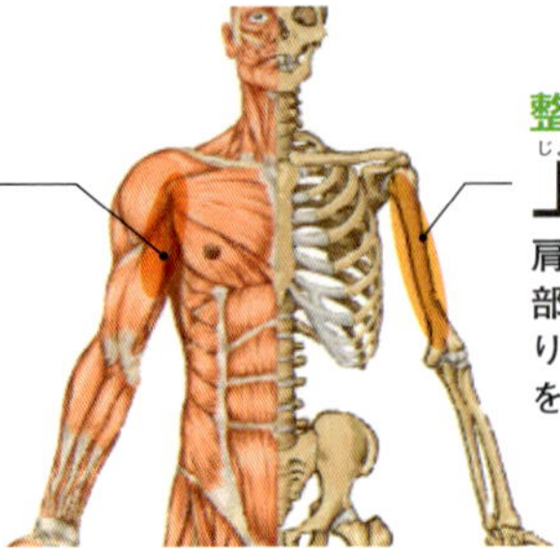

整える骨

上《じょう》腕《わん》骨《こつ》

肩から肘までの管状骨。上部は肩甲骨と肩関節をつくり、下部は前腕骨と肘関節をつくる

骨 Reset

肩の高さに手を上げ壁に手をつける

足は肩幅に開き、壁から腕の長さ分、離れて横に立ちます。肩の高さまで腕を上げ、手は壁につけます。肩と壁は垂直になるようにします。手を肩の高さに上げてまっすぐにすることで、肩関節、肘関節のずれを矯正しつつ、上腕骨が整います。

point

手は肩の高さに

手、肘の位置が肩より下に下がらないように気をつけよう

point

踵は壁を向く

足は壁に平行ではなく、踵、つま先が垂直になるようにします

筋肉 Stretch

肩と壁が平行になるように前を向く

壁につけた手と反対側の肩を外に回旋させます。
背中が壁を向き、両肩と壁が平行になるところまできたら、リセットの位置に戻ります。
リズミカルに10回ほど繰り返します。

point

ここが伸びていたらOK!

脇の下から二の腕にかけての部分に伸びを感じられれば正しく伸びています

point

上半身全体をひねるイメージで

肩だけでなく、上半身全体をひねるイメージで回旋するといいでしょう

コレは NG!

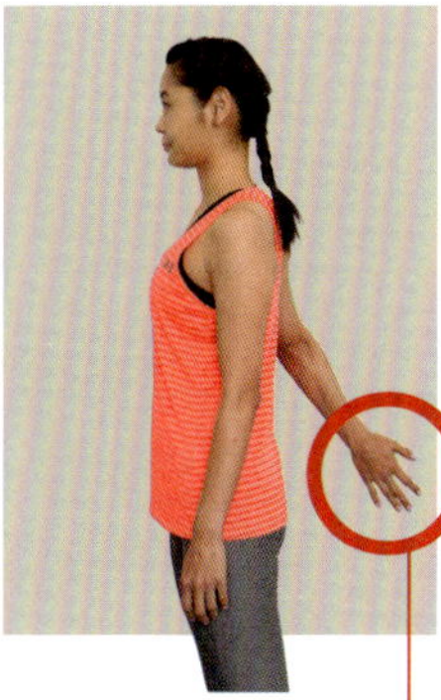

●手が下過ぎる

●手のひらを開いている

ストレッチ 12

集束状筋　小刻み　呼吸×

コオロギレッグ

野球のバッティングやピッチング、テニス、卓球、投てき、ボクシングなど、
腕を前方に動かす筋肉に最適なストレッチです。

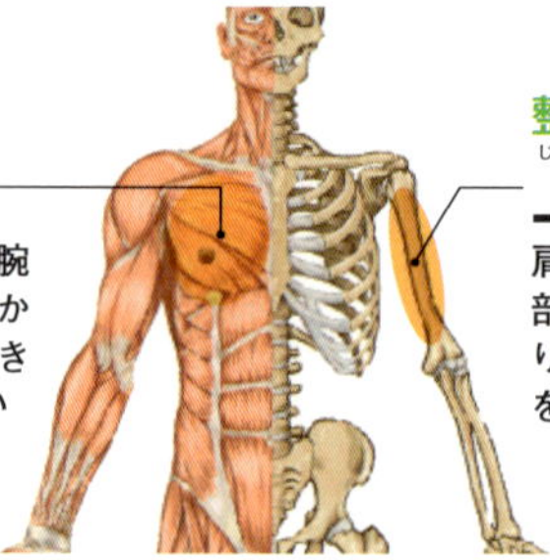

伸ばす筋肉

大《だい》胸《きょう》筋《きん》

肩関節を動かす働きをし、腕を前に動かす動きに大きくかかわる。上半身の中でも大きく、他の筋肉との連動も多い

整える骨

上《じょう》腕《わん》骨《こつ》

肩から肘までの管状骨。上部は肩甲骨と肩関節をつくり、下部は前腕骨と肘関節をつくる

骨Reset 肩幅より広い位置で手をつく

テーブルやいす、台などを使い、肩幅より広い位置に手をつきます。肩関節から肘関節までがまっすぐになることによって、ずれやすい2つの関節が整えられます。

point

肩が上がらないように!

肩が上がりやすいので、下げることを意識しましょう

point

背筋は伸ばす

腰や背中が曲がらないように、背筋は伸ばしておこう

筋肉 Stretch

上半身を倒していく

胸と手の位置が並ぶまで上半身を倒していきます。
胸のあたりが気持ちよく伸びているあたりで倒すのはストップ。
前後左右、いろいろな方向へ10回ほどゆらします。

point

肘は寝かさない

手首から肘までが一直線上に並ぶよう、肘は上げたままをキープしよう

point

肩と手の位置が一直線

手の位置が前過ぎたり、後ろ過ぎないようにしよう

point

ここが伸びていればOK！

胸のあたりに伸びを感じていれば正しく伸びています

コレは NG!

腕が寝てしまうのは×

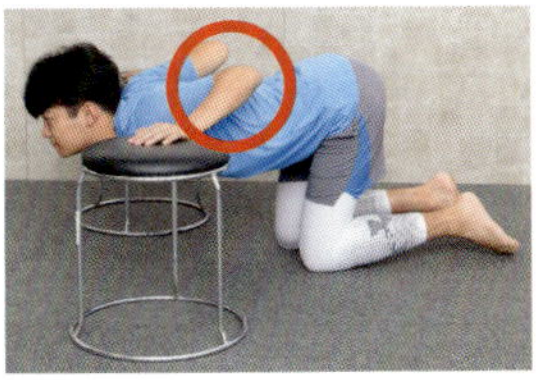

○

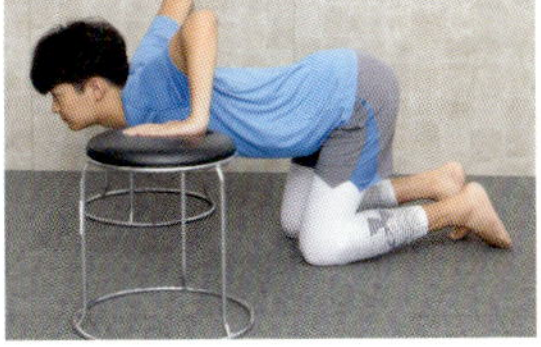

ストレッチ 13

紡錘状筋　小刻み　呼吸×

Trunkブランコ

デスクワークやスマホの操作、車の運転などの肩が前に突き出た姿勢によって、凝り固まった筋肉と骨格をほぐしてあげるのに最適です。

伸ばす筋肉

小《しょう》胸《きょう》筋《きん》

大胸筋に覆われ、深部に位置し、肩甲骨を下へ下げたり、肩甲骨を外回りに回転する働きをしている

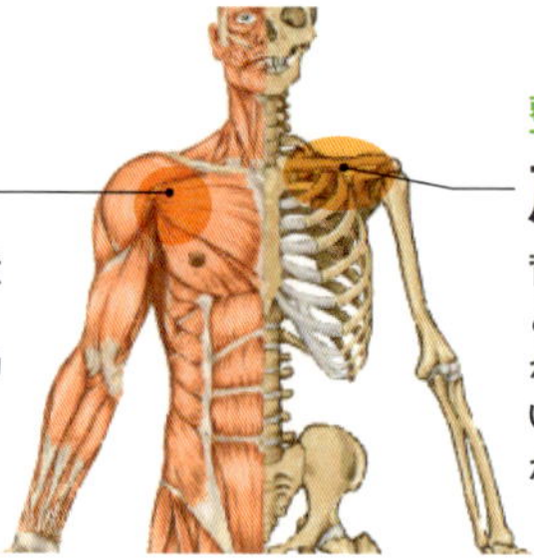

整える骨

肩《けん》甲《こう》骨《こつ》

背中側にあり、両端で腕の骨と鎖骨につながっている。それ以外はどこにもつながっていないので大きく動かすことができる

骨 Reset

体側に両手をつく

台や椅子などを使用します。腕をまっすぐ下に伸ばした状態で体の横に手をつきます。胸を張り、手首と肩が一直線になるようにしましょう。猫背気味の人ほど、肩甲骨が本来の位置に戻ってきます。

point

肩が内に入らないように

横から見て肩が丸まらず、正面から見ても左右まっすぐになるようにします

point

背筋は伸ばす

肩甲骨を寄せ、下げるイメージのまま背筋はすっと伸ばします

筋肉 Stretch 手を下へ押し付ける

手を床の方向へ押し付けるように力を入れていきます。
胸の上あたりが伸びている感じがしたら、そのまま前後にゆらゆらと揺れて
筋肉のさらなる伸びを感じます。

point
ここが伸びていればOK!
胸の上あたりに伸びが感じられれば正しく伸びています

point
胸を張る
ぐっと胸を張ることで普段縮こまっている筋肉が伸ばされます

point
腰は反らないように
胸を張る分、腰が反りやすくなってしまうので気をつけましょう

コレは NG!

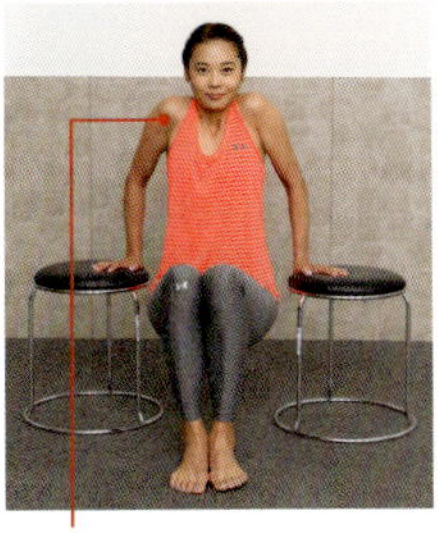

肩が上がってしまうのは×

ストレッチ 14

多裂状筋　静的　呼吸○

スキャプラプレス

ボクシングのパンチや砲丸投げなど、手を前に押し出す動きでよく使われる筋肉。柔軟性が高まると体のブレを小さくする働きもあり、運動能力向上の近道にも!

伸ばす筋肉

前《ぜん》鋸《きょ》筋《きん》

肋骨の外側から肩甲骨の前側につながり、おもに肩甲骨を動かすために働く筋肉。呼吸の時に肋骨を持ち上げて呼吸をサポートする役割もある

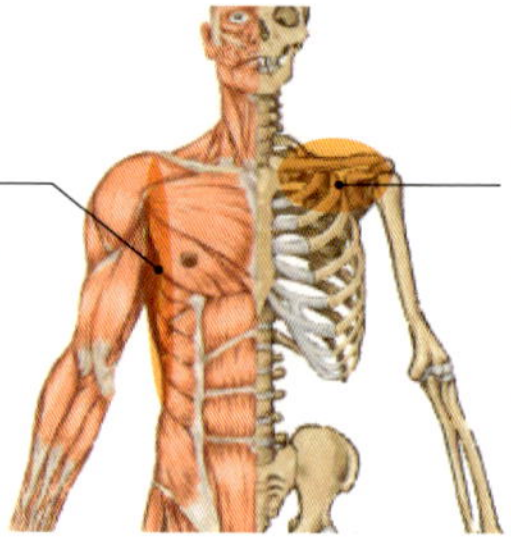

整える骨

肩《けん》甲《こう》骨《こつ》

両端で腕の骨と鎖骨につながっている。それ以外はどこにもつながっていないので大きく動かすことができる

骨 Reset

肘を曲げ壁に手をつく

足は肩幅に開き、壁に対して垂直に立ちます。壁側の肘を曲げ、手を壁につきます。肘が体側にくると、ずれやすい肩甲骨の位置が整います。

point

肩の位置はできるだけまっすぐ

壁に手をつかないほうの肩が上がらないように意識します

point

肘がまっすぐに伸ばせる位置

肘を曲げた時に直角の状態で手が壁につくのが正しい位置になります

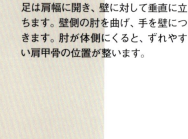

筋肉 Stretch

体を壁のほうへ寄せる

肩を壁のほうへ近づけていきます。この時、壁についているほうの肘は背中側にきて、壁とは反対側に引くイメージで。肋骨のあたりがぐーっと伸びているところで30秒伸ばします。体の向きを変え、同じように行います。

point

肩、腰で体重移動するイメージ

重心を壁側に寄せる時に、肩・腰を使うと上手に筋肉が伸ばせます

point

ここが伸びていればOK!

脇の下あたりから肋骨、肩甲骨が伸びている感じがあれば正しく伸びています

point

肘を引く

肘は体と反対方向に引いてあげるとより伸びが味わえます

ストレッチ 15　　集束状筋　小刻み　呼吸×

背伸びパンチ

水泳の水をかく動きや、柔道で相手を引きつける動き、ボートでオールを漕ぐ動作など腕を引いたり、脇を閉じる動きでよく使う筋肉の動きを良くします。

整える骨

上《じょう》腕《わん》骨《こつ》

肩から肘までの管状骨。上部は肩甲骨と肩関節をつくり、下部は前腕骨と肘関節をつくる

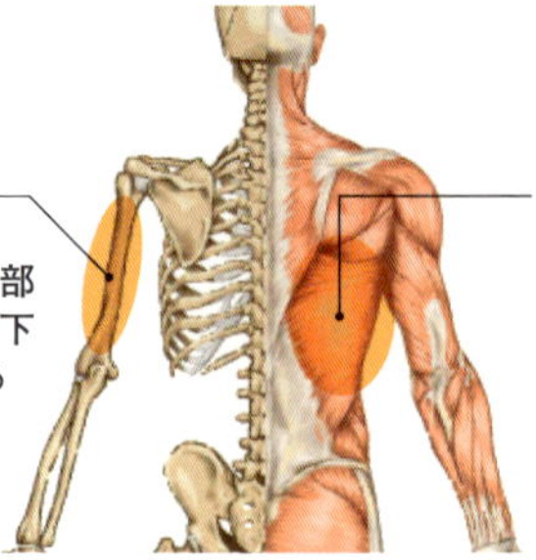

伸ばす筋肉

広《こう》背《はい》筋《きん》

腕のつけ根から脇の下を通り、お尻の上あたりまである背中を覆う筋肉。発達すると逆三角形の体型をつくる

骨 Reset あおむけに寝る

全身の力を抜いて、あおむけになります。この時、ムリにまっすぐになろうとしたり、指先まで力を入れる必要はありません。肩関節や肘関節に不必要にかけられている力みが取れ、普段のねじれが取れます。

point

手の平を上に

手の平を上にすることで上腕骨にかけられていた力みが取れます

筋肉 Stretch

右手を上に、右足を下に伸ばす

まずは右半身を上下に伸ばします。伸ばすのは気持ちいいところまで。
リズミカルに伸ばす縮むを10回ほど繰り返します。左半身も同じように行います。

point

足先は内を向く

足先は外に向けず、内側に向くようにするとより伸びます

point

少し内側にすると伸び度アップ

手の伸ばし方で内側を意識するとより伸びが深まります

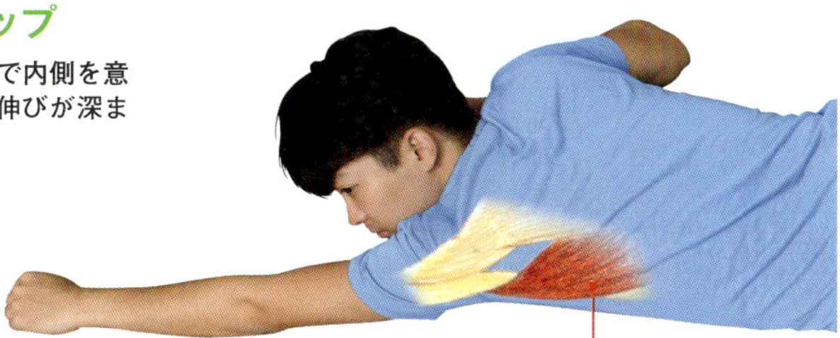

point

ここが伸びていればOK!

背中側、脇の下から腰にかけて伸びがあれば正しく伸びています

ストレッチ 16

平行状筋　小刻み　呼吸×

扉開かない

野球のピッチング、ゴルフのスイングなど肩甲骨を寄せたり離したりする時に活躍する筋肉。腕を使うスポーツでは必ず整えておきたい部位です。

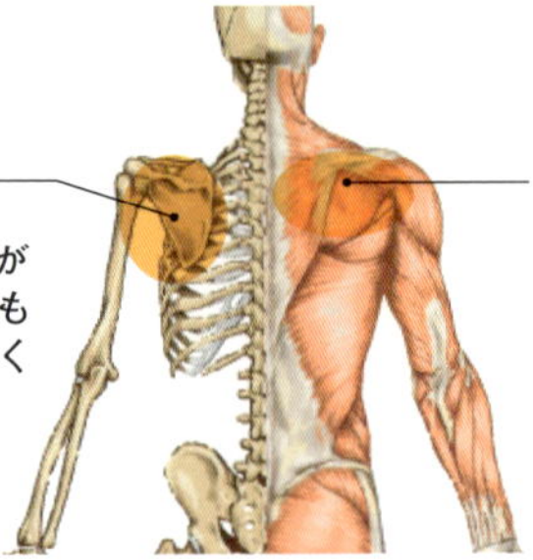

整える骨

肩《けん》甲《こう》骨《こつ》

両端で腕の骨と鎖骨につながっている。それ以外はどこにもつながっていないので大きく動かすことができる

伸ばす筋肉

僧《そう》帽《ぼう》筋《きん》中《ちゅう》部《ぶ》繊《せん》維《い》

胸椎の上のほうから出て肩甲骨につきます。肩甲骨を寄せる働きをする筋肉

骨 Reset

肩の高さに手を置く

ドアの入り口や段差のある壁など、手をかけられる部分がある場所に立ちます。片腕を肩の高さまで上げ、手をかけます。肩甲骨にとって、ベストなポジションに位置することができます。

point

肩と肘の高さは一緒

肘は肩の高さから下がらないように気をつけましょう

point

両肩の高さは一緒

左右の肩の位置がそれぞれ上がったり、下がったりしないように注意

筋肉 Stretch
右肩を巻き込むように左肩を伸ばす

手をかけた腕は肘を外側に引っ張るようにし、反対側の腕は肩から内に引っ張るように
リズミカルに10回ほど動かします。扉がなかなか開かず、開けようとするのと同じ動作です。
反対腕も同じように行います。

point
肩がぶれないように

手をかけないほうの肩が腕の動きに引っ張られないようにする

point
ここが伸びていればOK!

肩甲骨が開く感じがあり、背中の上部が伸びている感覚があれば正しく伸びています

ストレッチ 17

多腹状筋　静的　呼吸○

シャチホコ

上半身の中心にあり、体幹を支えている骨や腹筋をリセットしていくことは体に安定感と切れを与えてくれます。

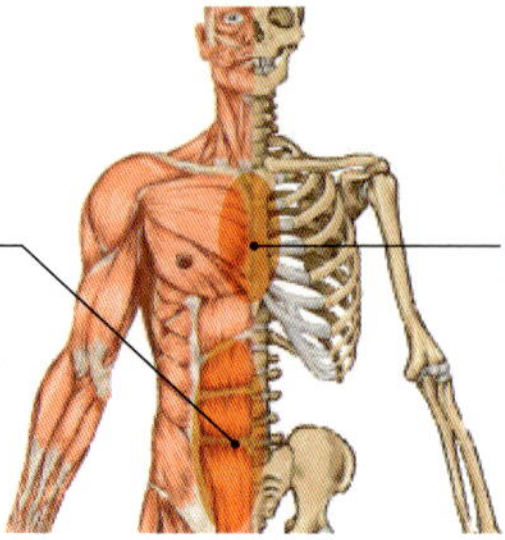

伸ばす筋肉

腹《ふく》直《ちょく》筋《きん》

体幹を支える筋肉の中で最も大きいもの。どんなスポーツをする時にも使われる筋肉

整える骨

胸《きょう》骨《こつ》

胸部の正面中央にあり、平たくて細長い状態の骨

骨 Reset 横になる

床に横になります。この時、体のラインをまっすぐにするために、腕は頭の下で重ね、足は床につかないように重ねておきます。横になることで胸骨への負担が減ります。

point

頭が沈まないように

足先から頭までが一直線上にくるように腕で調整します

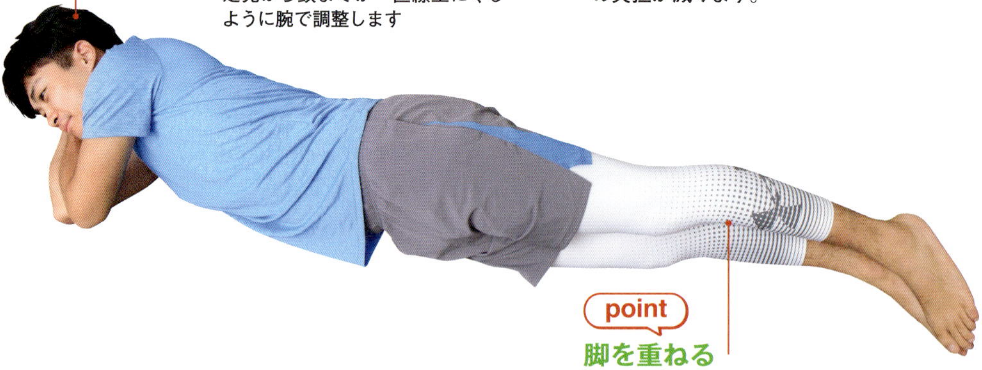

point

脚を重ねる

足先、膝、腿が一本になるように足を重ねます

筋肉 Stretch

膝を曲げる

足先を頭のほうへ向かうように膝を曲げます。
足を動かしている時に伸びる筋肉なので、ゆっくり曲げる伸ばすを10回ほど繰り返します。

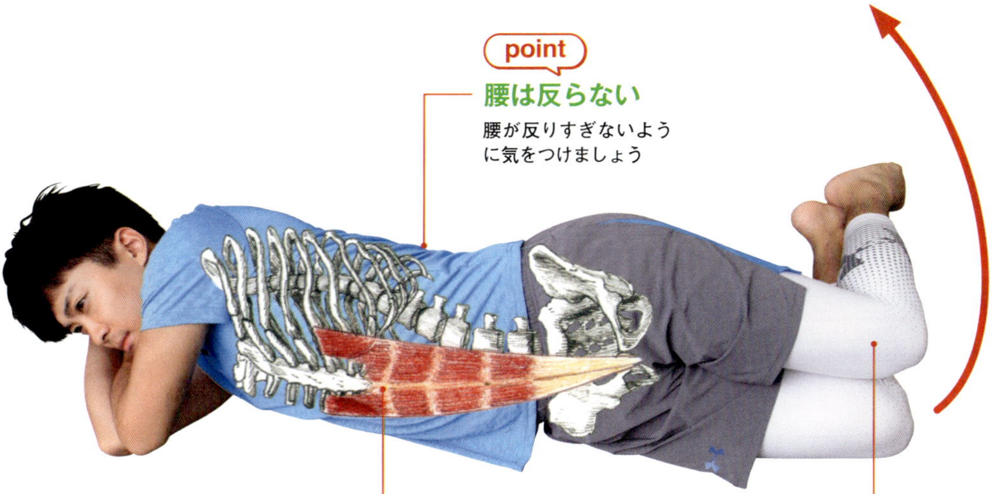

point
腰は反らない
腰が反りすぎないように気をつけましょう

point
ここが伸びていればOK!
お腹の前面が伸びている感覚があれば正しく伸びています

point
反動はつけない
反動をつけて勢いや力で足を曲げないようにしましょう

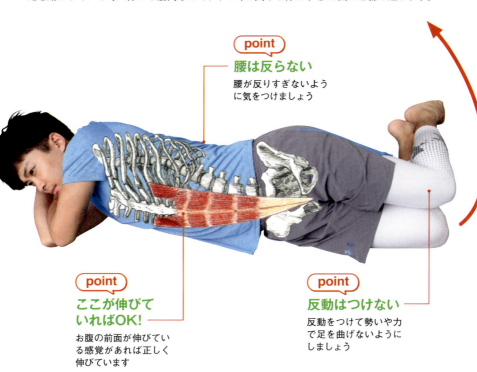

ストレッチ 18

平行状筋　静的　呼吸○

シャチホコねじり

高い集中力を維持したり、疲労回復、運動効率のよさなど体中に酸素を巡らせることは欠かせません。深い呼吸をサポートするための骨格と筋肉が手に入ります。

伸ばす筋肉

肋《ろっ》間《かん》筋《きん》

肋骨を引き上げるのが主な働き。肋骨を引き上げると胸部が広がり、肺でのガス交換をスムーズにする

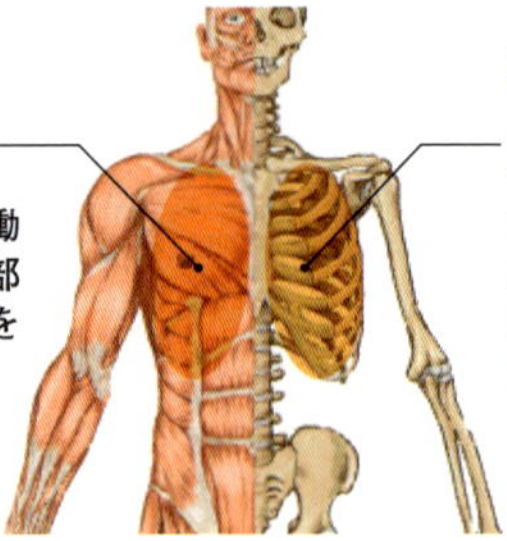

整える骨

肋《ろっ》骨《こつ》

細長い弓状に湾曲した骨。12対あり、全面ではほとんどが胸骨に付着する。胸部に近い部分は軟骨からなり、呼吸時の胸部の可動域を助ける

骨 Reset シャチホコの体勢になる

ストレッチ17のシャチホコの体勢になります。縮んだ肋骨もバランスよく開かれ、ストレスのない状態になります。

point

肩が前のめりにならない

肩が前傾状態にならないようにしっかり起こしましょう

point

足は動かさない

筋肉を伸ばすわけではないので、膝の曲げ伸ばしは必要ありません

筋肉 Stretch
背中側へ倒れて仰向けに

上半身だけ、背中側に倒していく。じんわり肋骨のあたりが伸びていることを感じながら痛くないところで体を倒すことをやめ、30秒キープ。
体の反対側も同じように行います。

point
腰が曲がらないように

体を倒す際に腰が曲がりやすいので、腰まっすぐを意識する

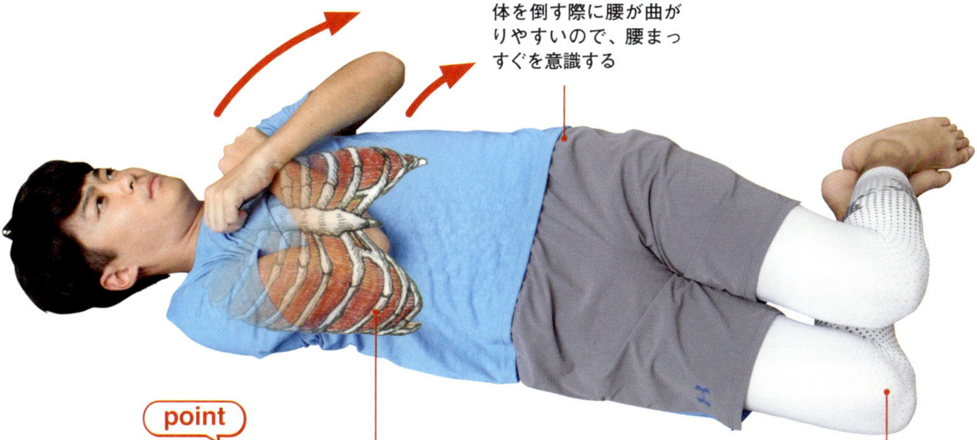

point
ここが伸びていればOK!

床についているほうの肋骨の部分に伸びを感じれば正しく伸びています

point
膝の位置は動かさない

膝が浮きやすいので、浮かないように気をつけましょう

ストレッチ 19

平行状筋　動的　呼吸○

アングリーキャット

日常生活では、背中や肩が凝り固まってしまう姿勢が多いものです。
上半身をしなやかに動かすためにも、押さえておきたい動きです。

整える骨

肩《けん》甲《こう》骨《こつ》

両端で腕の骨と鎖骨につながっている。それ以外はどこにもつながっていないので大きく動かすことができる

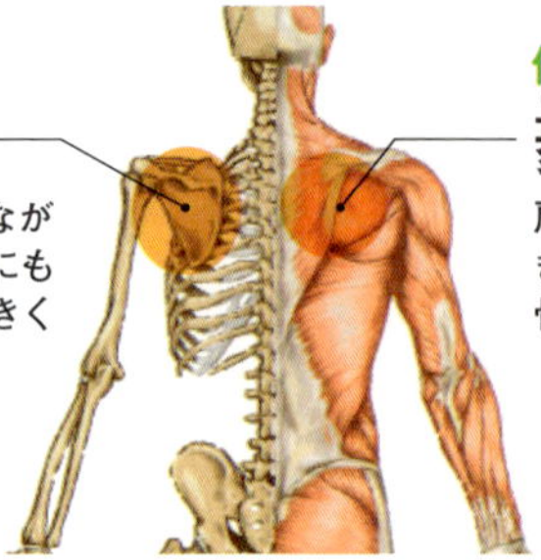

伸ばす筋肉

菱《りょう》形《けい》筋《きん》

肩甲骨を引き寄せる動作に働きかけます。縮まると背骨や肋骨のズレにもつながります

骨 Reset

両手・両足をつき、背骨を持ち上げる

手は肩幅に開いて肩の下、腰の下に膝がくるようにつきます。両手、両足を押す感覚で背骨をぐっと上に引き上げます。ふだん縮んでいる肩甲骨が開きます。

point

膝は腰の下

腰幅に脚が開くように膝をつきます。思っているよりも狭いくらいでちょうどいいです

point

手は肩の下

手首、肘、肩の位置がまっすぐ一直線上にくるようにします

筋肉Stretch

背骨を反らせながら肩甲骨を寄せる

上げた背骨を床のほうへ落としていき、肩甲骨をぐっと寄せていきます。
痛くないところでストップし、再びリセットポーズに戻り、5回ほど繰り返します。

point

腰に意識を向けない

腰を反らせるよりも肩甲骨を寄せるほうに意識をむけよう

point

ここが伸びていればOK!

左右の肩甲骨の間の部分が伸びている感じがあれば正しく伸びています

ストレッチ 20

紡錘状筋　小刻み　呼吸×

ねじり見上げ

首が凝ったなと思って、顔を横に倒し、負荷をかけるために頭に手をかける。これは骨にとっては脅威でしかありません。正しいリセット&ストレッチを！

伸ばす筋肉

胸《きょう》鎖《さ》乳《にゅう》突《とつ》筋《きん》

鎖骨の上あたりから、頭の側面、背面につながっており、首をひねる動きで働く筋肉

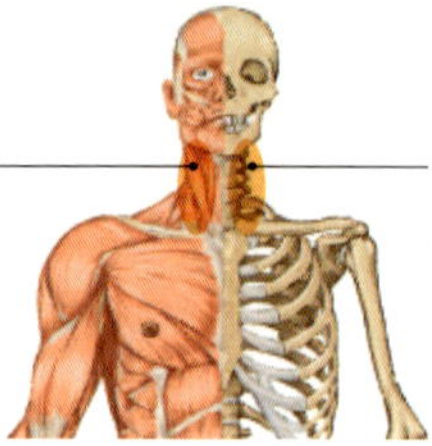

整える骨

第《だい》1《いち》～第《だい》7《なな》頸《けい》椎《つい》

頭を支えるための骨。首の部分にあたる。可動域が決まっているので、絶対にムリに押してはいけない

骨 Reset 正面から顔を横に向ける

首、肩はリラックスした状態で背筋を正し、少しあごを引いた状態でまっすぐ前を見ます。

point

首の詰まりが取れるイメージ

脛骨ひとつずつの詰まりが取れていくイメージで首の後ろ部分を伸ばします

point

肩は下げる

肩の力みは取りつつ、上がらないように意識しよう

筋肉 Stretch
横に向けた状態で上を向く

正面に向いている顔を横に向けます。
そのまま上を見上げます。見上げる、戻すをリズミカルに10回繰り返し、
同じように反対側でも行います。

point

真上まで見上げない

限界まで上を向く必要はありません。筋肉の動きを感じられる程度でOK

point

ここが伸びていればOK!

耳の下から鎖骨にかけて出ている筋肉の動きを感じられれば正しく伸びています

point

肩はまっすぐ

顔の上下に合わせて、肩も一緒に上下しないように気をつけましょう

下半身を整える

小さなことに思われるかもしれませんが、「小指のズレ」それだけでも私たちの体はバランスを崩してしまいます。

下半身は体の土台となり、全身を支えてくれているにもかかわらず、じつは筋肉や靭帯、腱などの絶妙な力によってバランスを取っている繊細な場所なのです。

それだけに、骨盤が歪んでいると思っていたら、じつは足の指に原因があったなど、気づきにくい部分が歪んでいる可能性があります。

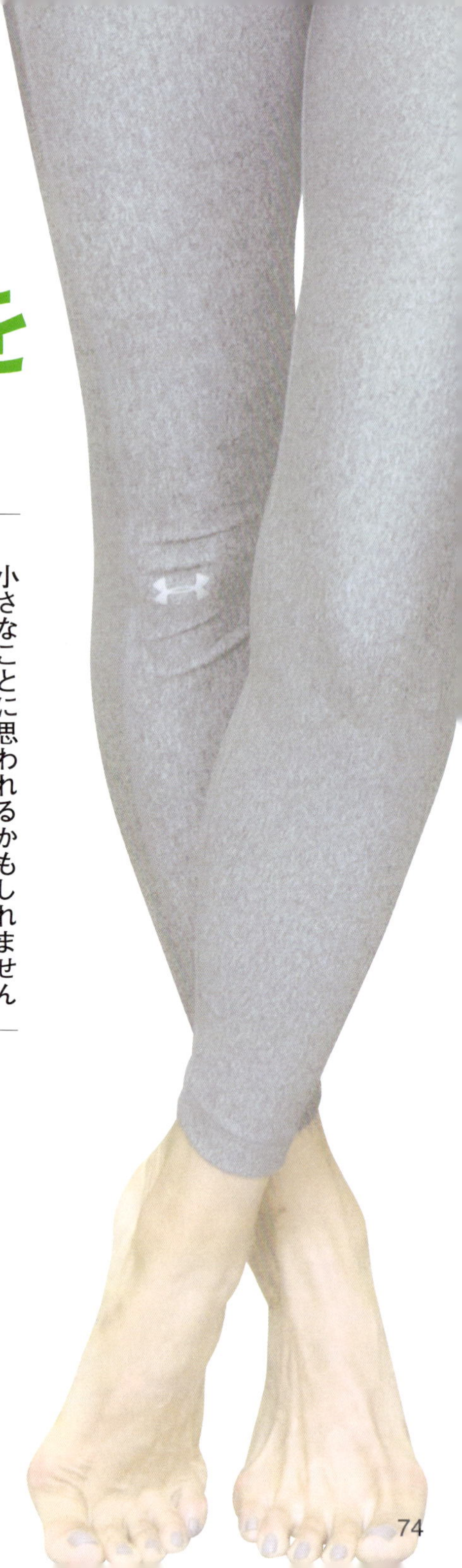

ぜひ、これから紹介するリセット＆ストレッチを指先から順に体幹のほうまで行ってほしいと思います。

瞬発力や俊敏性がアップするだけでなく、重心移動がスムーズになることで体の切れが増します。また、足関節、膝、股関節の可動域の広がりも感じられるようになることでしょう。

さらに、血流が滞りやすい下半身は、筋肉の動きがよくなることで、疲労回復やむくみ解消、持久力アップも期待できるのです。

ストレッチ 21

半羽状筋　静的　呼吸○

足指絞り

足の指が曲がった状態で、指の全体が床につかない人は、足裏だけで体を支えアンバランスに。パフォーマンスが落ちるのでしっかりケアしてあげたい。

伸ばす筋肉

虫《ちゅう》様《よう》筋《きん》

長指屈筋の腱から親指をのぞく4本の指に伸びる足裏の筋肉。立っている時のバランスを取る、踏ん張りをきかせるなど、スポーツで欠かせない

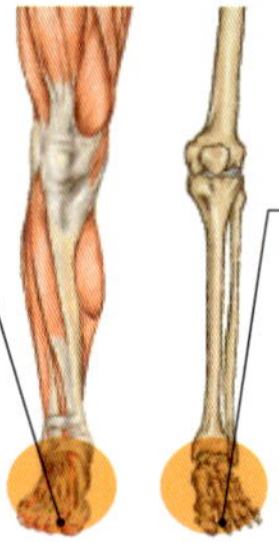

整える骨

第《だい》2《に》~第《だい》5《ご》中《ちゅう》節《せつ》骨《こつ》

親指をのぞいた足の指の第2関節部分。疲労骨折や変形をおこしやすく、ケアできていない人が多い

骨 Reset 足の指をつかむ

足の人差し指をつかみます。ふだん指が縮んでしまっている人も多いので、まっすぐになるようにつかんであげましょう。縮んで押し込められていた足の指が正しい位置にきます。

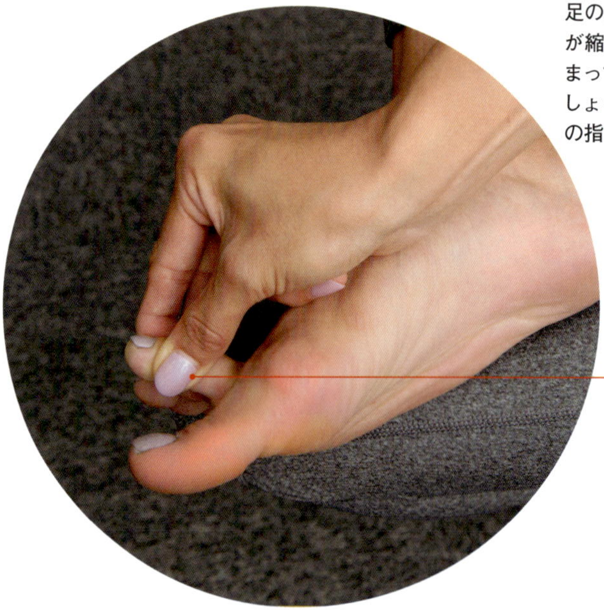

point

根本までしっかりつかむ

関節部分が曲がってしまわないように意識してつかみます

筋肉 Stretch

左右に指をねじる

つかんだ指をまずは親指側にねじって3秒キープ。次に小指側にねじって3秒キープ。中指、薬指、小指と順に行い、反対足も同じように行います。

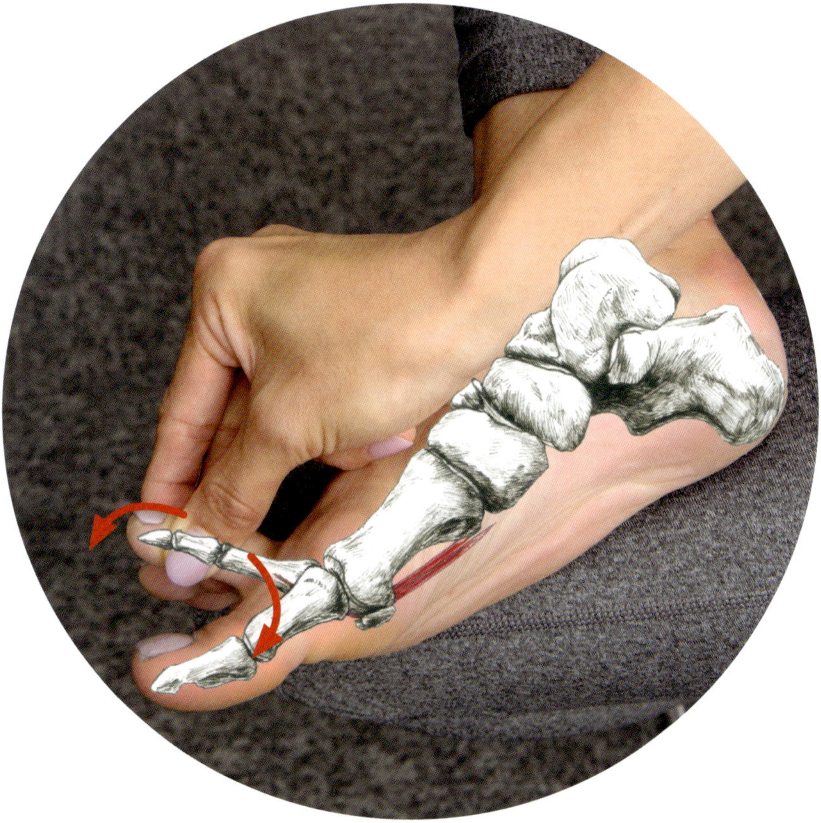

point

小指に向かって1本ずつ

人差し指からはじめて、小指に向かって1本ずつねじっていこう

point

ねじりにくいほうは長めに

ねじりにくさを感じるほうが筋肉が縮んでいるので、キープ時間を長めにしてもいいでしょう

point

関節は伸ばす

つかまれている関節が曲がりやすいので、曲がらないように気をつけましょう

ストレッチ 22

紡錘状筋　動的　呼吸○

親指反らし

強い蹴りだしは短距離走だけでなく、野球やサッカーテニスなど多くのスポーツで必須となる動き。親指が変われば瞬発力が大いにアップします。

整える骨

母《ぼ》趾《し》末《まっ》節《せつ》骨《こつ》

親指の末端部分の骨。靴などからストレスを受けやすい

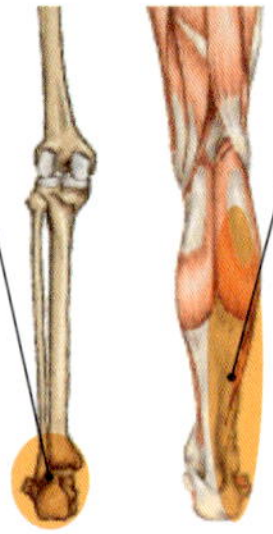

伸ばす筋肉

長《ちょう》母《ぼ》趾《し》屈《くっ》筋《きん》

ふくらはぎの中腹から親指の末端まで続く筋肉。足裏のアーチに大きくかかわり、強い蹴りだしに働きかけます

骨 Reset

親指をつかむ

関節が曲がっていたり、指が縮んでいる人はしっかりと伸ばしながら親指をつかみましょう。ヒールや革靴など先の細い靴をよく履く人は、親指にかかっていた緊張が取れます。

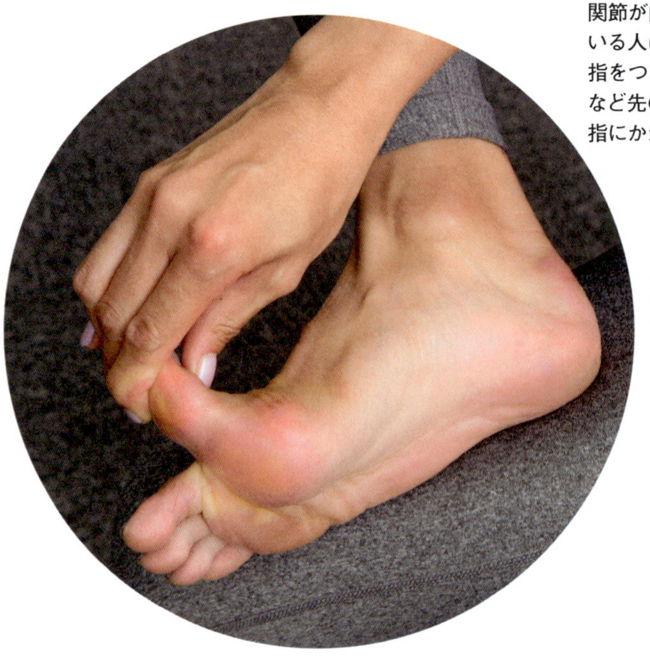

point

骨はまっすぐにする

骨がまっすぐになっていることを意識しましょう

筋肉 Stretch
手前に指を反らせる

つかんだ親指を自分の体側にぐーっと伸ばします。
痛くないところまでゆっくり反らせていきましょう。
反対側の親指も同じように行います。

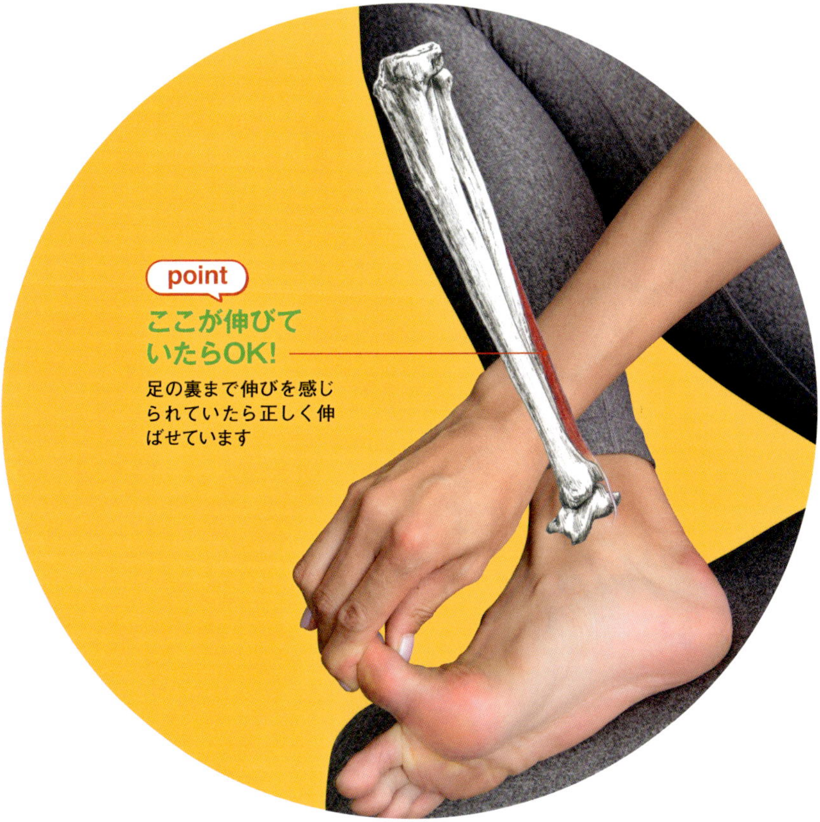

point

ここが伸びていたらOK!

足の裏まで伸びを感じられていたら正しく伸ばせています

小指も同様に行う

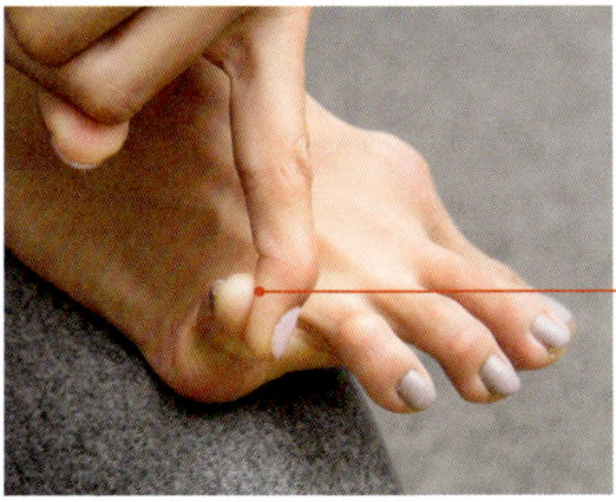

point

足の反対側もケア

小指も同じように整えると、第5末節骨が正され、短《たん》腓《ひ》骨《こつ》筋《きん》が伸ばされます。足のブレに効きます

ストレッチ 23

紡錘状筋　動的　呼吸○

親指倒し

母趾球の可動域は、スムースな重心移動に大きく関係しています。
横への重心移動が多い卓球やバレーボールなどの選手におすすめのストレッチ。

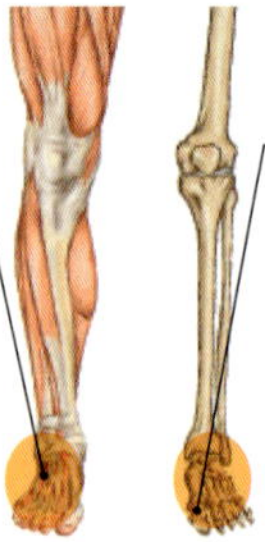

伸ばす筋肉

母《ぼ》趾《し》外《がい》転《てん》筋《きん》

足の裏の外側にあり、かかとから親指にかけて走っている筋肉。サーフィンやスキーなどバランスを取るのにもつかわれる

整える骨

母《ぼ》趾《し》基《き》節《せつ》骨《こつ》

親指の付け根部分の骨。窮屈な靴など同じ部分に繰り返し力がかかると、外反母趾になる

骨 Reset

親指をおさえる

親指のつけ根あたりをおさえて、普段ストレスを受けている部分をまっすぐに伸ばしてあげましょう。

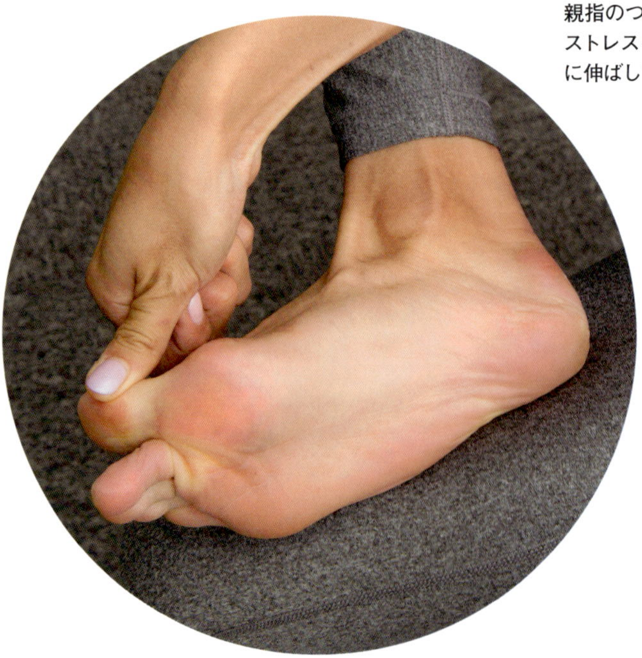

point

付け根部分が伸びるように

親指が屈曲しないように注意しましょう

筋肉 Stretch
残りの指のほうへ押す

抑えた親指を残りの指のほうへ押します。
土踏まずのあたりに伸びを感じるくらいまで押していきます。
反対足も同じように行います。

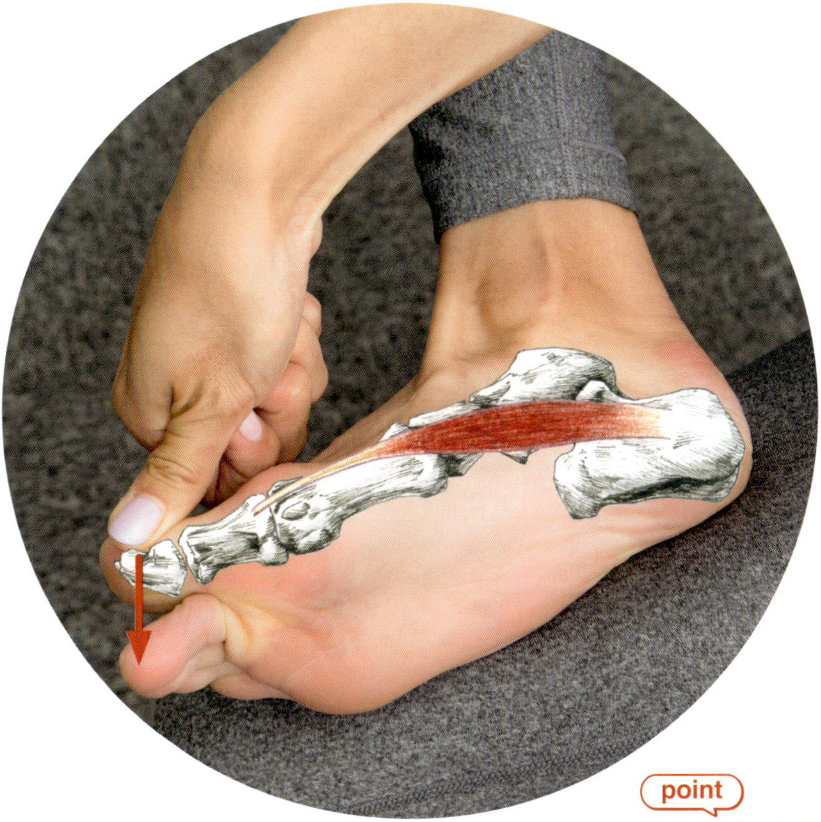

point

外反母趾にも効く

親指を支える筋肉を伸ばすことで外反母趾防止になります

小指も同様に行う

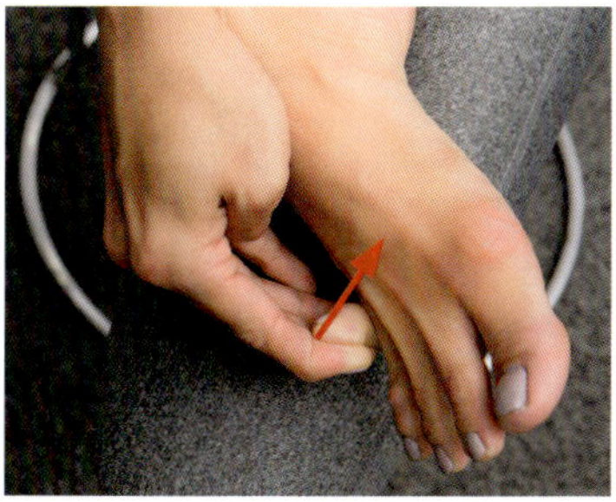

point

足の外側も整える

小指も同じように抑えて伸ばすと、小《しょう》趾《し》基《き》節《せつ》骨《こつ》、小《しょう》趾《し》外《がい》転《てん》筋《きん》が整い、伸ばすことができます

ストレッチ 24

紡錘状筋　動的　呼吸○

足の甲伸ばし

足の甲を伸ばすには、足の指の骨から気を配る必要があります。陸上のスポーツ全般に関わるほか、普段ハイヒールを履く人は特に伸ばしておきたい部位。

伸ばす筋肉

短《たん》母《ぼ》趾《し》伸《しん》筋《きん》

足の甲を通る筋肉。つま先立ちをする時に負荷がかかり、ほぼすべてのスポーツでこの筋肉が貢献する

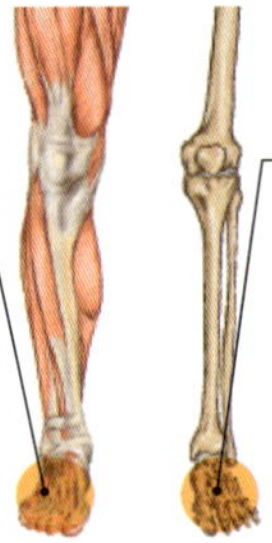

整える骨

母《ぼ》趾《し》基《き》節《せつ》骨《こつ》

親指の付け根部分の骨。窮屈な靴など同じ部分に繰り返し力がかかると、外反母趾になる

骨 Reset

足の指をつかむ

足の第二関節までしっかり指をつかみ、関節がそれぞれ曲がらないようにします。普段ストレスのかかっている指関節の歪みが取れます。

point

根本までしっかりつかむ

根本までつかむことでいつも縮んでいる指が伸びます

筋肉 Stretch
指を足裏のほうへ押す

つかんだ指を足の裏のほうへ曲げていく。
足の甲の部分が伸びて気持ちいいところまで伸ばします。
反対足も同じように行います。

point

ここが伸びていればOK!

足の甲部分に伸びが感じられていれば正しく伸びています

point

足首の位置はそのまま

足首も一緒に伸ばしてしまうと狙った筋肉が伸びないので要注意

ストレッチ 25

紡錘状筋　動的　呼吸○

つま先絞り

指を持ち上げる働きをする部位です。末端の動きはスポーツに欠かせないだけでなく、鈍くなりやすい血流や冷えにも効果的です。

伸ばす筋肉

長《ちょう》趾《し》伸《しん》筋《きん》

膝下の外側から親指以外の足の指へとつながる長い筋肉。つまずかないように指を上げる働きをする

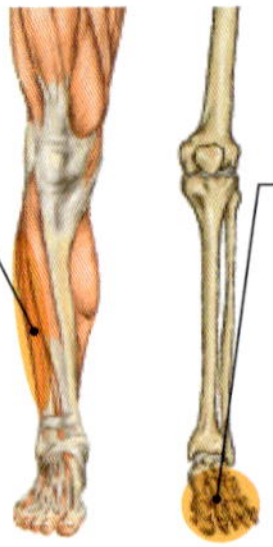

整える骨

第《だい》2《に》~第《だい》5《ご》中《ちゅう》節《せつ》骨《こつ》

親指をのぞいた足の指の第2関節部分。疲労骨折や変形をおこしやすく、ケアできていない人が多い

骨Reset 足の指をつかむ

親指以外の足の指を関節がしっかりと伸びるようにつかみます。足の指は知られざるねじれポイント。関節部分をつかむことで、間違った骨への緊張が緩和されます。

point

第一関節が伸びている

足の第一関節がしっかりと伸びていることを意識しましょう

筋肉Stretch
内側にぐっと押し込む

つかんだ足の指を内側にゆっくりと曲げます。
そのまま5秒間キープ。反対の足も同じように行います。

point

ねじるように曲げる

内側にねじるように曲げていくとより伸びが感じられます

point

ここが伸びていたらOK!

ふくらはぎの外側に伸びを感じたら正しく伸ばせています

ストレッチ 26

紡錘状筋　動的　呼吸○

足底伸ばし

ふだん踏ん張っているときに使われる骨や筋肉は、足の指だけでなく、それにつらなる足首、膝関節へもつながっているもの。いっしょに伸ばしていきましょう。

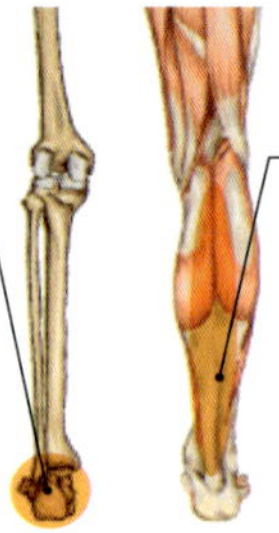

整える骨

踵《しょう》骨《こつ》

かかとにあり、足の中では一番大きな骨。足の約半分を占めていて、人の体重の大部分を支えている

伸ばす筋肉

足《そく》底《てい》筋《きん》

名前は「足底」だが足の裏にはなく、ふくらはぎの深部にある筋肉。ランニングやダッシュ、ジャンプをする時に使われる

骨 Reset 片膝を立て、足の指をつかむ

足の指を関節がしっかりと伸びるように母指球のあたりからつかみます。かかとから母指球までが直線状にくるイメージで行うと骨が整います。

point

足の指関節を伸ばす

足の指もしっかり伸びるようにつかむとよりよいでしょう

point

かかとから母指球まで一直線上

足裏がしっかり伸びていることを意識しましょう

筋肉 Stretch つかんだ足を上げ、伸ばす

つかんだ足を上げていきます。
足の側面が痛くないところまで上げて5秒キープ。
足をゆっくりと下して、反対の足も同じように行います。

point

関節が曲がらないように

足の指関節が曲がらないように気をつけましょう

point

ココが伸びればOK!

かかとから膝関節までのふくらはぎの中央あたりが伸びる感覚があれば正しく伸びています

point

腰もまっすぐ

腰が反ったり丸まったりしないように意識しましょう

ストレッチ 27

半羽状筋　小刻み　呼吸×

バレリーナトゥ

足の疲れにくさはスポーツパフォーマンスを左右します。もちろん日常生活でも衰えの出やすい部分。最近つまずきやすくなった…と感じる人はすぐにケアを！

伸ばす筋肉

前《ぜん》脛《けい》骨《こつ》筋《きん》

下腿前面にある筋肉。つま先を内側へ向ける動作に働きかけ、前へと進む動作をサポートする

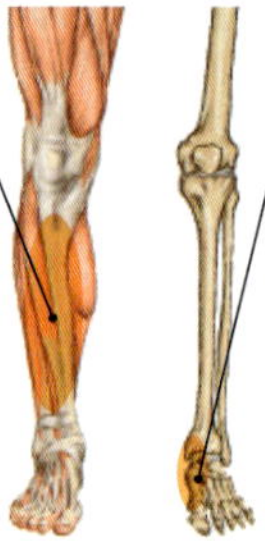

整える骨

第《だい》1《いち》中《ちゅう》足《そく》骨《こつ》

足の甲にあり、親指につながる骨。内側に曲がると外反母趾になる

骨 Reset

足の甲をつかむ

床に座り、あぐらの状態になり、足の甲をつかみます。甲全体よりも指から甲にかけてがつかむ場所の目安です。つかむことで、縮こまった甲がリラックスします。

point

手の親指は母指球

母指球のあたりをつかんで甲を伸ばすと狙った骨が整います

筋肉 Stretch

足首が伸びるように内側へ押し込む

つかんだ足の甲を自分のほうへ向かって押していきます。
痛くないところまで押せたら、小刻みに10回ほど押します。
反対の足も同じように行います。

point

動かす時に伸びる

じんわり伸ばすのではなく、小刻みに動いている時に筋肉が伸ばされます

point

足首は伸ばす

足首もぐっと伸びているのが正しい状態です

point

ここが伸びていればOK！

ふくらはぎの前面部分に伸びを感じられれば正しく伸ばせています

ストレッチ 28

半羽状筋　小刻み　呼吸×

つま先落とし

陸上やサッカー、バスケなどよく走るスポーツで疲弊しやすい隠れ部位。疲労を蓄積させてしまうと、足首が内側に傾く故障につながるので忘れずにケアを！

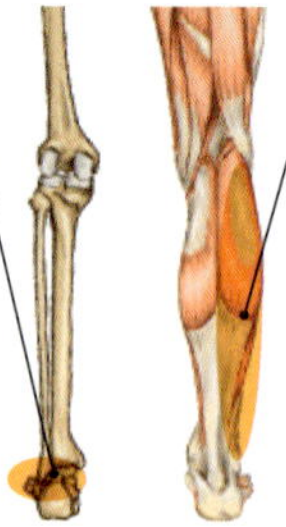

整える骨

舟《しゅう》状《じょう》骨《こつ》

足の甲にある親指側の骨。スポーツで足関節の動きが悪いと感じる時には舟状骨を整えてみましょう

伸ばす筋肉

後《こう》脛《けい》骨《こつ》筋《きん》

足首を伸ばしたり、足裏を内側に反したりするときに貢献する。足首の調整に働きかける筋肉

骨 Reset

足の甲の側面をつかむ

床に座り、あぐらをかきます。足首の下あたりを足首が伸びた状態になるようにつかみましょう。足関節の力みが取れ、まっすぐの状態になります。

point

手を置くのはくるぶし横

くるぶしの横あたりが狙っている骨の位置になります

point

足首は伸ばす

足首は曲がらないように伸ばしておくようにしましょう

筋肉 Stretch

床に向かって足を押す

足の甲をつかんだ状態から、床方向に押していきます。
痛くないところまで押したら小刻みに10回ほど上下させます。
反対の足も同様に行います。

point

動かす時に伸びる

じんわり伸ばすのではなく、小刻みに動いている時に筋肉が伸ばされます

point

ここが伸びていればOK！

ふくらはぎの外側のあたりに伸びている感覚があれば正しく伸びています

ストレッチ 29

紡錘状筋　静的　呼吸○

外べり立ち

足アーチの低下はパフォーマンスの低下はもちろん、捻挫癖の原因にも。
捻挫の多い人は立方骨を整えておきましょう。

伸ばす筋肉

長《ちょう》腓《ひ》骨《こつ》筋《きん》

ふくらはぎの外側に位置する筋肉。足首のバランス調整を行い、足裏でしっかり踏み込んだり、サイドステップなど足関節を外へ向ける働きがある

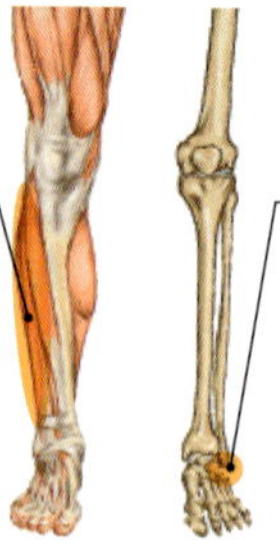

整える骨

立《りっ》方《ぽう》骨《こつ》

足の甲の一番外側にある骨。捻挫が癖になっている人は立方骨を整えてみよう

骨 Reset

こぶし1つ分あけて立つ

まっすぐに立ちます。足をこぶし1つ分あけることで股関節、膝関節、足首が一直線上になるようにすると腓骨の位置が正されます。

point

背骨は腰と垂直に

背筋がピンと伸びるように背骨が骨盤と垂直でまっすぐになるイメージで

point

足の外側だけまっすぐに！

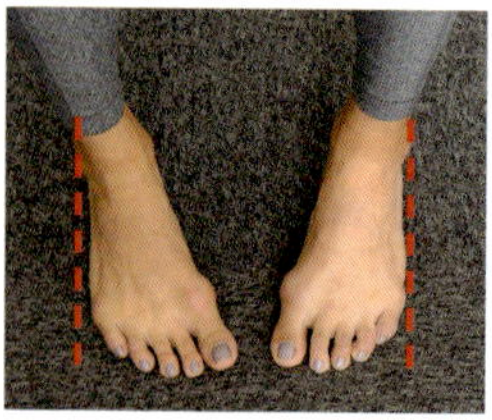

point

足の位置は腰の下

足は股関節、膝関節、足首が一直線上にくる位置に立ちます

筋肉 Stretch

足の側面だけで立つ

まっすぐに立った状態から足の内側を上げ、
足の外側だけで立つようにして10秒キープ。
足の両外側が平行状態を保てるようにしましょう。

point

背筋は崩さない

腰や背中が丸まってしまわないように気をつけましょう

point

信号待ちなどでも!

電車や信号待ちなどのちょっとしたスキマ時間にもできるので習慣化を！

point

ここが伸びていればOK ！

ふくらはぎの外側部分に伸びが感じられれば正しく伸ばせています

ストレッチ 30

羽状筋　静的　呼吸○

ヒラメ伸ばし

太くて短い筋肉が斜めにたくさん並んでいるヒラメ筋。ほかの筋肉に比べて発揮できる筋力が大きいのが特徴。しっかり伸ばしていかんなくパワーを発揮しよう！

整える骨

踵《しょう》骨《こつ》

かかとにあり、足の中では一番大きな骨。足の約半分を占めていて、人の体重の大部分を支えている

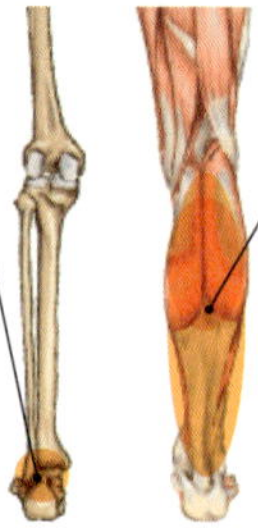

伸ばす筋肉

ヒラメ筋《きん》内《ない》側《そく》縁《えん》および外《がい》側《そく》縁《えん》

足関節を床方面に曲げる動作の時に動く筋肉。特に膝関節が屈曲した状態で大きく貢献し、走る、ジャンプするなどスポーツでよく使われる筋肉のひとつ

骨 Reset 一段高いところに足先を置く

階段や、マットを丸めたものなどの段をつかいます。足の指からかかとまでがまっすぐになることで踵骨の位置が整います。

point

足指からかかとまでまっすぐ

足先が上向くことで踵骨の位置が正されます

point

足先を内に向ける

次にストレッチの動作に入るため、最初は足先を内側に向けます

筋肉 Stretch

足の側面だけで立つ

台に乗せていないほうの膝を深く曲げていき、痛くないとこまで曲げて10秒キープ。
膝を伸ばして、台に乗せているほうの足の向きを外側に変え、再び膝を曲げて10秒キープ。
反対の脚も同じように行います。

point

背筋は伸ばしたまま

膝を曲げていく時に腰や背中が丸まらないように気をつけましょう

point

ここが伸びていたらOK!

ふくらはぎの後ろ側に伸びを感じられれば正しく伸ばせています

足は内向き、外向きの順で行う

足先の向きは内側、外側と方向を変えることで、ヒラメ筋の内側、外側を伸ばすことができます

ストレッチ 31

紡錘状筋　小刻み　呼吸×

ふくらはぎ

第二の心臓とも呼ばれるふくらはぎ。筋力だけでなく血液が心臓に送り返される働きは持久力を養うためにも必要不可欠。疲労が蓄積しないよう柔軟性を高めて！

整える骨

踵《しょう》骨《こつ》

かかとにあり、足の中では一番大きな骨。足の約半分を占めていて、人の体重の大部分を支えている

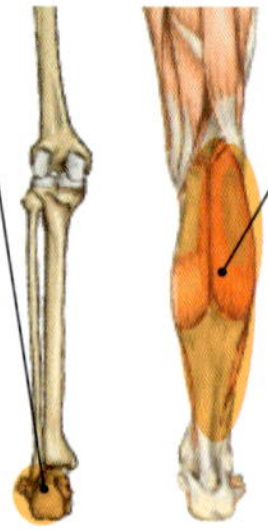

伸ばす筋肉

腓《ひ》腹《ふく》筋《きん》内《ない》側《そく》頭《とう》および外《がい》側《そく》頭《とう》

ヒラメ筋の外側にある筋肉。役割は似ているが、ヒラメ筋と違って足関節、膝関節をまたいで伸びているのが特徴

骨 Reset 片足を一段高いところに乗せる

階段や、マットを丸めたものなどの段をつかいます。足の指からかかとまでがまっすぐになることで踵骨の位置が整います。

point

足指からかかとまでまっすぐ

足先が上向くことで踵骨の位置が正されます

point

足先を内に向ける

次にストレッチの動作に入るため、最初は足先を内側に向ける

筋肉 Stretch 膝は伸ばしたままかかとを床のほうへ

台に乗せたほうのかかとを床のほうへ下げていきます。
痛くないところまで下げ10回ほど小刻みに上下します。足先を外側にして、
再びかかとを下し10回ほど上下します。反対の脚も同じように行います。

足は内向き、外向きの順で行う

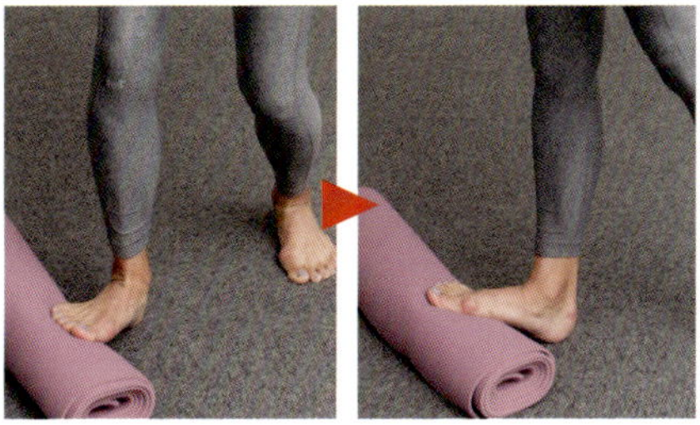

足先の向きは内側、外側と方向を変えることで、腓腹筋の内側頭、外側を伸ばすことができます

point

膝は伸ばしたまま

腓腹筋は膝を伸ばした状態で伸びるので曲げないように気をつけましょう

point

ここが伸びていればOK!

膝裏からふくらはぎにかけて伸びが感じられれば正しく伸ばせています

ストレッチ 32　羽状筋　静的　呼吸○

立ち膝座り

太ももの大部分を占める筋肉は、歩く、走る、立ち上がるなどの下半身を使うすべてのスポーツで使う。膝関節を痛めないように伸ばしてあげることが大切。

伸ばす筋肉

大《だい》腿《たい》四《し》頭《とう》筋《きん》内《ない》側《そく》広《こう》筋《きん》、中《ちゅう》間《かん》筋《きん》、外《がい》側《そく》広《こう》筋《きん》

太もも前面にある筋肉で、膝の曲げ伸ばし、股関節の屈曲に働きかける役割をもつ

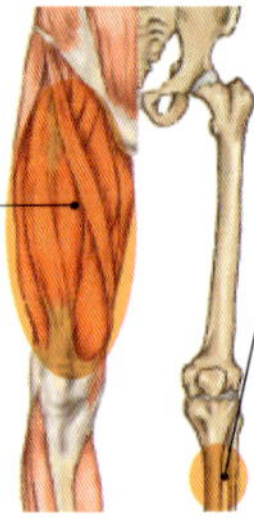

整える骨

脛《けい》骨《こつ》

膝から足首までの太い骨。ふくらはぎは腓骨と脛骨で成り立っている。すねにあたる部分

骨 Reset

立ち膝になる

膝を床につき、立ち膝になります。膝、腰、肩、頭の位置が横から見てまっすぐになるようにしましょう。膝関節のずれが調整されます。

point

足の指は立てる

足の指を立てることで足首の位置が上がり、脛骨にフラットな位置に

point

膝、かかとはくっつける

立ち膝になる時は膝、かかとの間は開けず、くっつけます

筋肉 Stretch

腰を落としてかかとにお尻をつける

立ち膝の状態から、腰を落としていきかかとにお尻をつけます。
太ももの前の部分が伸び過ぎていたい場合はお尻につかなくてもOK。
その位置で10秒キープします。

point

上体がぶれないように

上体が倒れないよう、頭、肩、腰の位置は一直線状をキープしましょう

point

ここが伸びていたらOK

太ももの前部分に伸びを感じられたら正しく伸ばせています

ストレッチ 33

紡錘状筋 動的 呼吸○

パテラスイング

誤って膝関節の靭帯、腱を誤って伸ばしてしまいやすいのが太もものストレッチ。ちょっとした動作で膝関節が整い、しっかり太ももの筋肉が伸ばせます。

伸ばす筋肉

大《だい》腿《たい》直《ちょっ》筋《きん》

大腿四頭筋の中心を成す筋肉。骨盤から膝蓋骨へとつながり、骨盤の傾きや膝の持ち上げに大きくかかわります

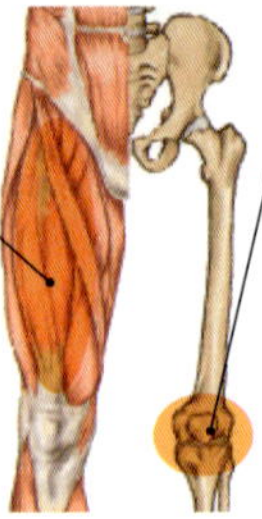

整える骨

膝《しつ》蓋《がい》骨《こつ》

膝のお皿と呼ばれている部分。大腿四頭筋の力を効率よく脛骨に伝える役割がある

骨 Reset

立った状態で足首を持つ

まっすぐに立ち、膝を曲げ、足をつかみます。できるだけ膝と足首がまっすぐになると、膝関節に負担をかけることなく膝蓋骨のズレを正せます。

point

壁などにつかまる

よろけてしまう人は壁などにつかまって行うといいでしょう

point

膝、足首が一直線上

膝が落ちやすいので、足首の位置まで上げることを意識しましょう

筋肉 Stretch
膝を真下に下げる

膝が上がっている状態から腰の下まで下げていきます。
前傾するほど強く足を引いて膝を後ろに持ってくる必要はありません。
この状態で3秒キープし、反対の脚も同じように行います。

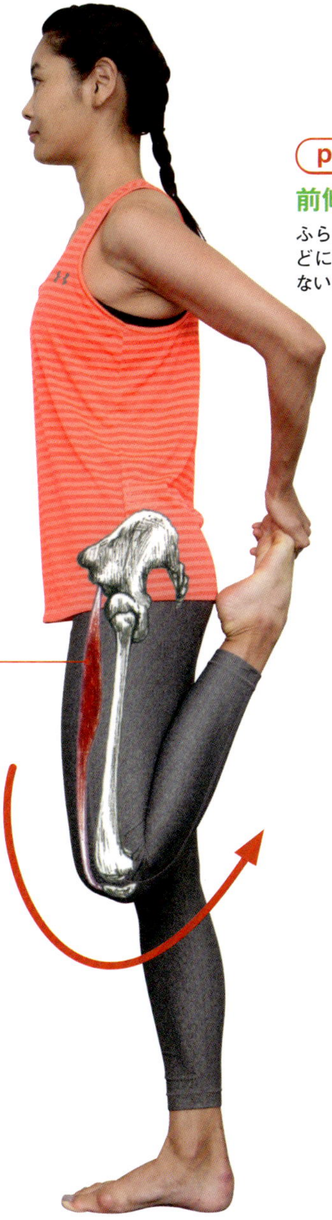

point

前傾しないように

ふらつくようであれば壁などにつかまり、体が前傾しないようにしましょう

point

膝が反対の脚より後ろに行かない

膝は腰の真下が目安。膝頭が反対脚よりも後ろにくるほど引っ張らないようにしましょう

point

ここが伸びていればOK!

太ももの前部分が伸びている感覚があれば正しく伸ばせています

ストレッチ 34　紡錘状筋　小刻み　呼吸×

レッグトンネル

膝関節に関わる筋肉で唯一、膝を外に向ける働きをもつのが大腿二頭筋。
肉離れを起こしやすい人は、特に念入りにケアをしておきたい部位。

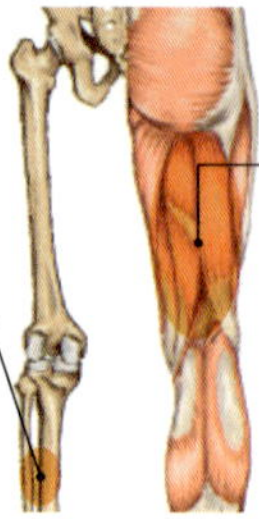

整える骨

腓《ひ》骨《こつ》

膝と足首のあいだにある2つの骨のうち、細いほうの骨

伸ばす筋肉

大《だい》腿《たい》二《に》頭《とう》筋《きん》長《ちょう》頭《とう》

腿裏の外側にあり、骨盤の後面から膝下へと続く。ダッシュなど太ももを後方へ振ったり、ボクシングやバドミントンなど足のブレーキで活躍

骨 Reset 足を肩幅に広げて前かがみになる

肩幅に足を開いてまっすぐに立ち、少し前かがみになります。膝と足先を同じ方向へ向けることで腓骨のずれが緩和されます。

point

膝も足先と同じ方に向かせる

腓骨をまっすぐにするために足先と膝の方向をそろえましょう

point

足先は内側に

次のストレッチのために最初は足先を内側に向けます

筋肉Stretch 足の間から向こう側をのぞく

上体を倒していき、腿裏の伸びが感じられ、痛くないところまできたら
小刻みに頭を10回ほど前後させます。上体を起こし、足先を外側に向けたら、
同じように上体を倒して10回ほど小刻みに前後させます。

point

腿裏の伸縮を感じる

ゆらゆらと頭を前後に揺らして腿裏の伸縮を味わおう

point

膝は軽く曲げる

膝は伸ばしたり深く曲げすぎず、軽く伸ばした状態をキープ

足は内向き、外向きの順で行う

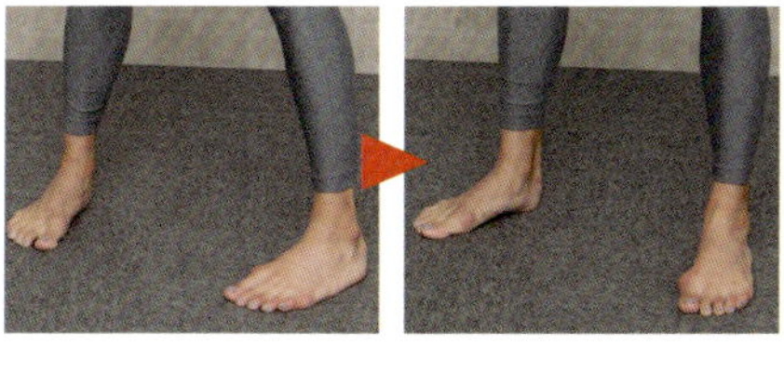

足先の向きを変えることで、まんべんなく大腿二頭筋を伸ばすことができます

ストレッチ 35

集束状筋 小刻み 呼吸×

中段蹴り

坐骨のずれがそのままだと、どんどんずれが大きくなり、坐骨神経痛などの症状を引き出しかねません。片足ずつケアすることで偏ったバランスを整えます。

伸ばす筋肉

大《だい》内《ない》転《てん》筋《きん》

開いた脚を閉じる働きをし、サッカーやテニスの横の動き、平泳ぎのキック、相撲の四股など股関節の内転動作に重要な筋肉

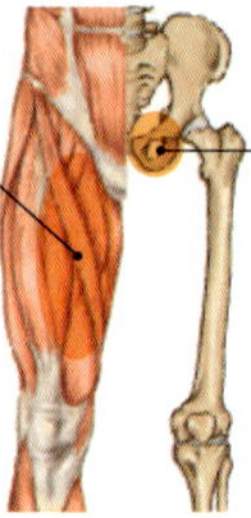

整える骨

坐《ざ》骨《こつ》

骨盤の中でも一番下についている骨。座った時に床にあたる左右一対の硬い部分

骨 Reset

まっすぐに立ち、片足を台の上に乗せる

台などを用意し、片足を乗せます。支えているほうの脚は足首、膝、腰、肩の位置がまっすぐになることを意識します。

point

腰は反らない

腰の左右の腰の高さを揃え、反らないようにしましょう

point

軸足はまっすぐ

肩から足首までが一直線上にくるようにしましょう

筋肉 Stretch

上げた足を伸ばしたまま腰を落とす

支えている足の膝を曲げ、体重を落としていきます。
台に乗せているほうの腿の内側が伸び、痛みを感じないところまで腰を下げ
10回ほど上下します。足を変えて、同じように行います。

point
上半身は倒さない
前傾したり、背中や腰が丸まらないように気をつけましょう
point
ここが伸びていればOK!
太腿の内側部分に伸びを感じていれば正しく伸ばせています

ストレッチ 36

集束状筋　小刻み　呼吸×

大仏ころり

骨盤は広がりやすい女性はもちろん、硬いために炎症を起こしやすい男性にとっても、骨の位置を正し、筋肉を伸ばすことが重要です。

伸ばす筋肉

恥《ち》骨《こつ》筋《きん》、短《たん》内《ない》転《てん》筋《きん》、長《ちょう》内《ない》転《てん》筋《きん》

股関節内転筋群の筋肉。開いた脚をつけ根から内側に閉じる働きがある

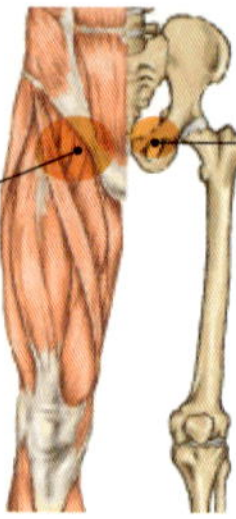

整える骨

恥《ち》骨《こつ》

左右の骨盤を前面でつなぐ役割があり、サッカーのシュートやバスケットの方向転換などで結合部に炎症を起こしやすい

骨 Reset

膝を開いた正座でお辞儀

正座になります。腰よりも広い位置にくるまで膝を開きます。腰や背中が丸まると骨盤が寝てしまうので前に手をつき、骨盤を立たせた状態をキープします。骨盤は普段、前傾もしくは後傾状態になりやすいので、まっすぐに立った状態をこれで覚えます。

point

背骨はまっすぐ

背中、腰が丸まらないように気をつけましょう

point

肩の下に手をつく

肩の真下に手をつくと重心の位置が安定します

筋肉 Stretch
上半身を前に倒す

背筋を伸ばしたまま上半身を倒していきます。
痛くないところまで倒し、小刻みに10回ほど上下しましょう。

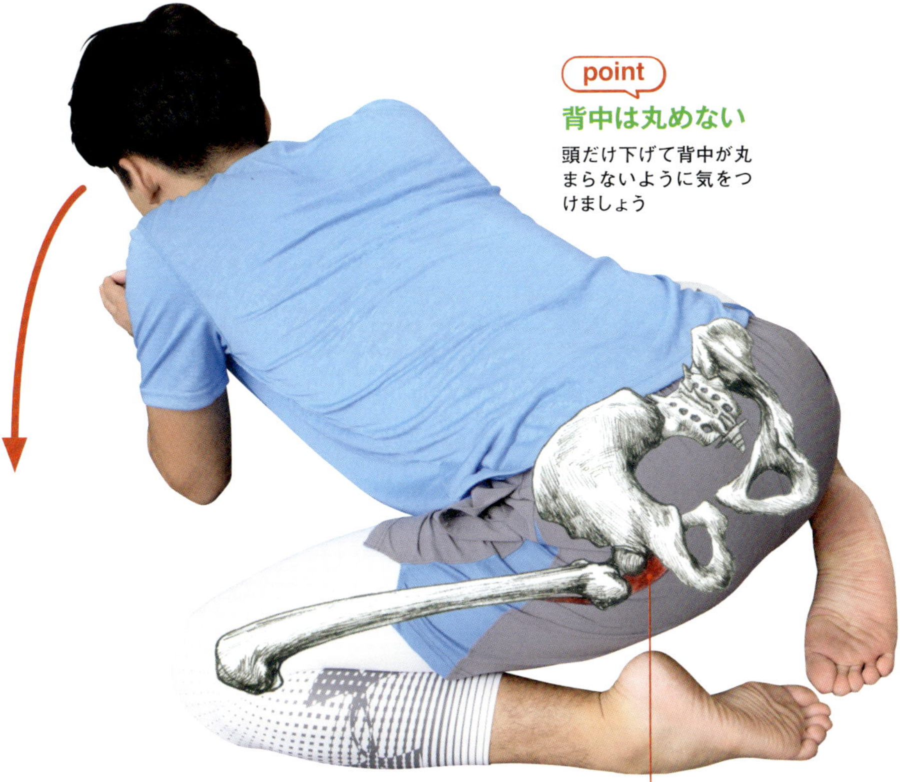

point
背中は丸めない
頭だけ下げて背中が丸まらないように気をつけましょう

point
ここが伸びていればOK!
股関節の部分に伸びを感じられれば正しく伸びています

ストレッチ 37　集束状筋　静的　呼吸○

スフィンクス

バスケやテニスのサイドステップ、サッカーやバスケのフェイント、ゴルフのフォワードスイングなど、体重移動を瞬時に滑らかに行うために役立ちます。

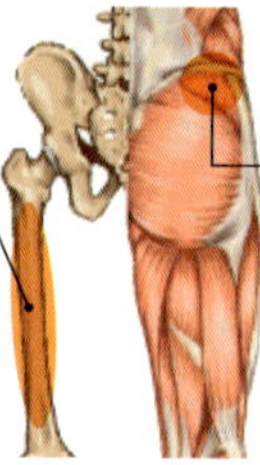

整える骨
大腿骨《だいたいこつ》
骨盤と膝の間にある太い骨で股関節の動きで重要な役割を果たしている

伸ばす筋肉
中臀筋《ちゅうでんきん》
骨盤の側面にあり、お尻の上のほうにある筋肉。骨盤を安定させ、太ももを外転させる主力筋としての役割を持つ

骨 Reset 両肘、両膝を床につける

両手を肩の下につき、腰の下に両膝をつきます。手を前に動かし、肩の下に肘がくる位置でキープします。両手、両膝の助けを借りることで、股関節から膝関節までのずれが緩和されます。

point
腰と膝の位置はまっすぐ
股関節の付け根部分と膝の位置がまっすぐになるように意識しましょう

point
つま先は立てる
足先は寝かさずに、かかとを立ち上がらせます

筋肉 Stretch

お尻をかかとへつけるようにおろす

肘と膝の位置は変えずに、お尻を後ろに引いていきます。
お尻の上部の伸びを感じ痛くないところで10秒キープします。

point

ここが伸びていればOK!

腰からお尻にかけてに伸びが感じられれば正しく伸びています

point

背中はまっすぐ

腰や背中が丸まらないように注意しましょう

point

かかとに近づくイメージ

お尻がかかとに近づくイメージで腰を引いていこう

ストレッチ 38

集束状筋　小刻み　呼吸×

スフィンクスバック

下半身の瞬発力に大きく関係するだけでなく、じつはお尻周りも立派な体幹の一部。体の安定感を増やし、バランス力を向上させる作用もあります。

整える骨

仙《せん》骨《こつ》

骨盤の中心に位置している骨で、腰よりはやや下、お尻の中心あたりにあり、背骨を下から支える土台となっている

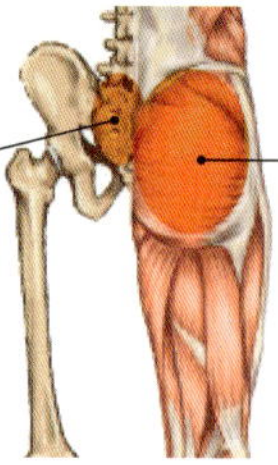

伸ばす筋肉

大《だい》臀《でん》筋《きん》

臀部全体を覆うように表層にある筋肉。股関節の伸展、外旋に働きかけ、人体にある単一の筋肉だけで最も大きい

骨 Reset 両手、両膝を床につく

肩の下に手、腰の下に膝がくるように床に両手、両膝をつきます。背骨が反ったり腰が丸まったりしないようにしましょう。両手、両膝をついた状態で背骨がまっすぐになることで、歪んだ仙骨がまっすぐになります。

point

背骨はまっすぐ

腰や背中が丸まったり、反ったりしないように気をつけましょう

point

足先は寝かす

足はかかとを立たせずに甲を床につけ寝かせます

筋肉 Stretch
左側に体重をかけてからお尻を下のほうへ下げる

両肩、両腰の重心を左へスライドさせます（下の写真❶）。
その状態のまま後ろの方向へ重心を引いていきます（下の写真❷）。
左のお尻に伸びを感じ痛くないところで前後に10回ほど小刻みに揺らします。
元の状態に戻り反対側も同じように行います。

point
ここが伸びていればOK!
重心をかけたほうのお尻に伸びが感じられれば正しく伸ばせています

point
肩を下げる
力んで肩が上がらないように注意しましょう

point
顔は下げない
頭が垂れてしまわないように気をつけましょう

ストレッチ 39

集束状筋 動的 呼吸○

ご機嫌ドック

野球のピッチングやバッティング、ゴルフのスイングなど体幹の安定性を高めるためにケアしておきたい部位。体の奥深くにある体幹がうまく使えるように！

整える骨

腸《ちょう》骨《こつ》

骨盤を形成する最も大きな骨。前傾しすぎたり、後傾しすぎたりすると全身のバランスが崩れ、猫背や反り腰の原因となる

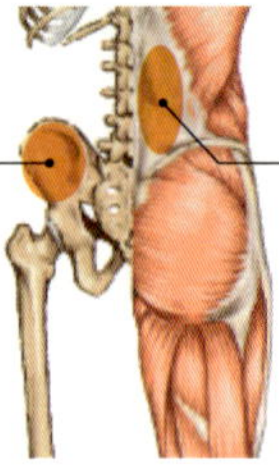

伸ばす筋肉

腰《よう》方《ほう》形《けい》筋《きん》

骨盤と肋骨をつなぎ、腰椎の両側にある長方形の深層筋。体幹の側屈に働きかけ、左右差があると骨盤が傾く一因となります

骨 Reset 両手、両膝を床につく

肩の下に手、腰の下に膝がくるように床に両手、両膝をつきます。背骨が反ったり腰が丸まったりしないよう、まっすぐを意識しましょう。両手、両膝の助けを借りることで、普段、前傾や後傾状態になりやすい腸骨がまっすぐになります。

point

背骨はまっすぐ

腰や背中が丸まったり、反ったりしないように気をつけましょう

point

足先は寝かす

足はかかとを立たせずに甲を床につけ寝かせます

筋肉 Stretch

お尻をゆっくり左右にふる

肩、膝の位置はできるだけ変えずに、腰をゆっくりと右へ。腰から背中にかけて伸びを感じられたら腰を左側へ。左右にふることを10回ほど行います。

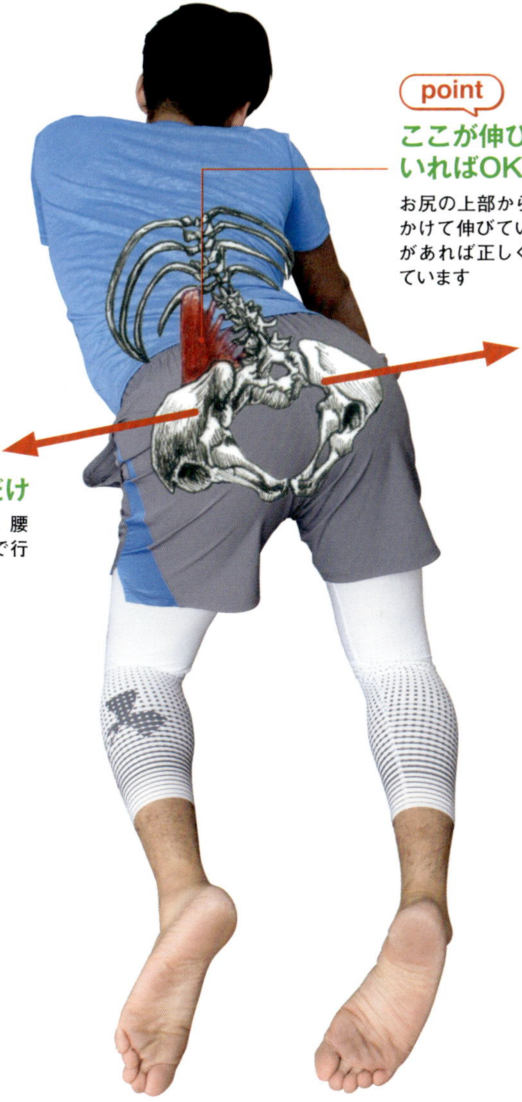

point

ここが伸びていればOK!

お尻の上部から背中にかけて伸びている感じがあれば正しく伸ばせています

point

動かすのは腰だけ

背中や肩は動かさず、腰だけを振るイメージで行いましょう

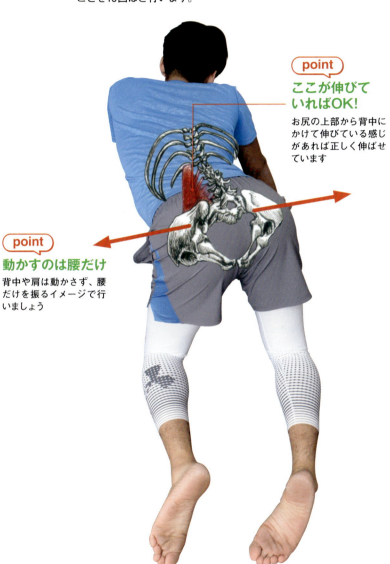

column.2

体が動かなくなるのは年のせい…？

若いころのように、身体が動かなくて当たり前——。なんてことはありません。

なぜなら、運動における筋肉の働きは「張力」「収縮速度」「収縮量」によって決まるからです。

確かに、筋力としての「張力」の低下は否めません。しかし、「収縮速度」と「収縮量」は、加齢による退化率が低いので、筋肉を正しく使えさえすれば、運動パフォーマンスを向上させることも可能なのです。

例えばランニングにおいて、「張力」が加齢によって衰えていくと、飛ぶことによるストライドは短くなってしまいます。しかし、ピッチに必要な「収縮速度」は衰えにくいのです。加えて、筋肉をストレッチして「収縮量」を維持することができれば、関節は大きく動き、大きな歩幅を確保できます。つまり、ピッチ数と大きな歩幅でタイムの維持、さらには向上を望むことができるのです。

ご高齢であってもフルマラソンで３時間を切るような方がいらっしゃいますが、それは筋肉の「収縮速度」と「収縮量」を上手に使って運動パフォーマンスにつなげているからです。

結局のところ、いくつになっても動ける身体をつくるには、骨格を整え、関節に負担がなく、筋肉が最大限動くようメンテナンスしておくこと、まさに、骨格リセットストレッチが最適なのです。

第3部

スポーツ別
動く体になるストレッチ

野球、サッカー、テニス…。
スポーツによって重点的に使う筋肉は違います。
より高いパフォーマンスを目指すあなたへオススメのストレッチをご紹介！

ケース 01

野球
「遠くまで球を投げたい!」

投球のうまい人がよく「肩が強い」と言われているのを聞いたことはありませんか？
ストレッチで強い肩の下地がつくれます。肩の使い方が変わりますよ！

Bad

骨格リセットストレッチで

Good!

ケース 02

野球
「速い球を打ちたい！」

背中から腰にかけての可動域が広がれば、体のキレだけでなく、
素振りの前のストレッチで、振り遅れずにしっかり打ち返せる

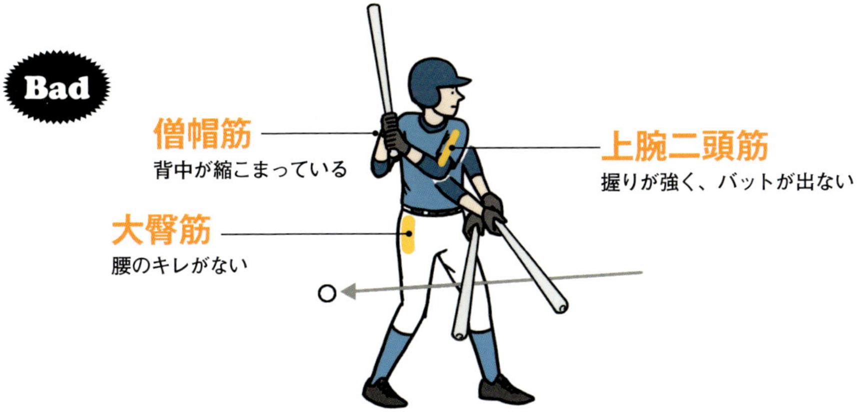

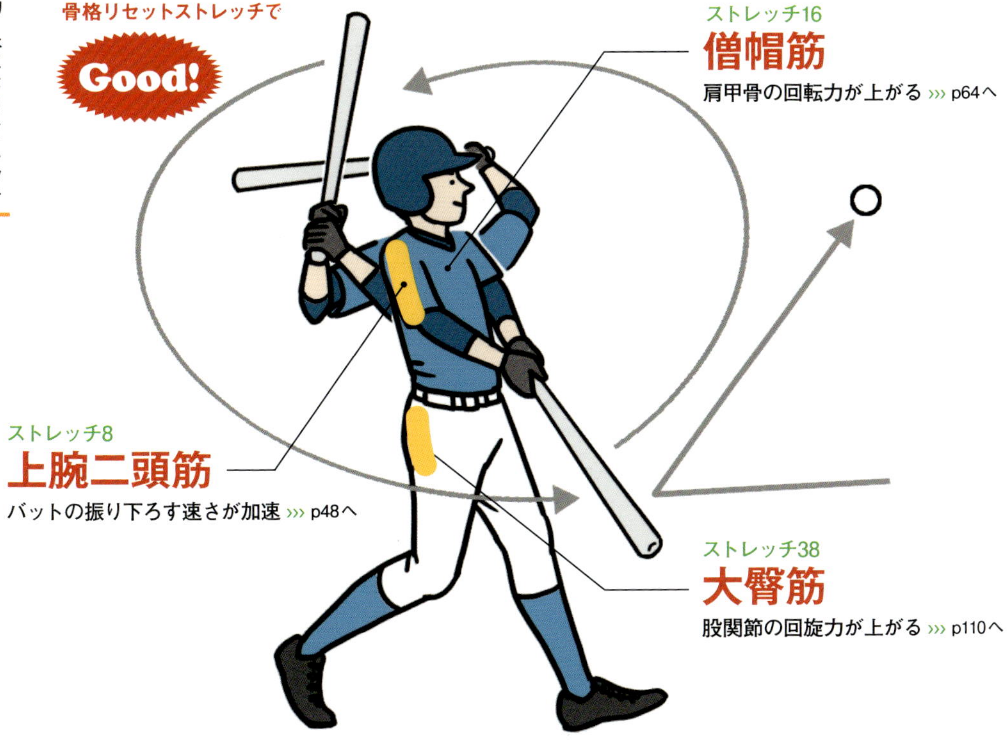

ケース 03

バレーボール
「高い打点からスパイクを決めたい!」

キレのあるスパイクに欠かせない体のバネ。肝になるのは上腕二頭筋、広背筋、大腿四頭筋。脚と腕のしなりを最大限まで伸ばしていきましょう

Bad

上腕二頭筋
腕が縮こまってしまう

広背筋
肩が上がらない

大腿四頭筋 内側中間外側広筋
膝が伸びず、ジャンプが足りない

骨格リセットストレッチで

Good!

ストレッチ08
上腕二頭筋
肘先がしなりボールをたたく
››› p48へ

ストレッチ15
広背筋
肩から振りかぶっての
振り下ろしができる ››› p62へ

ストレッチ32
大腿四頭筋内側中間外側広筋
膝関節を使ってのバネ ››› p98へ

ケース 04

水泳
「きれいなストリームラインで泳ぎたい!」

泳ぎで差がつくのは力強さではなく、いかに伸びのある動きができるかどうか。
肩関節、股関節の柔軟性に意識を向けてみましょう。ラク~に泳げるようになりますよ！

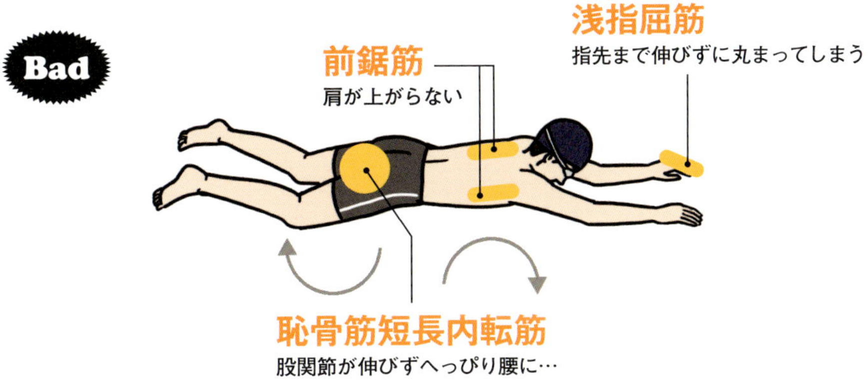

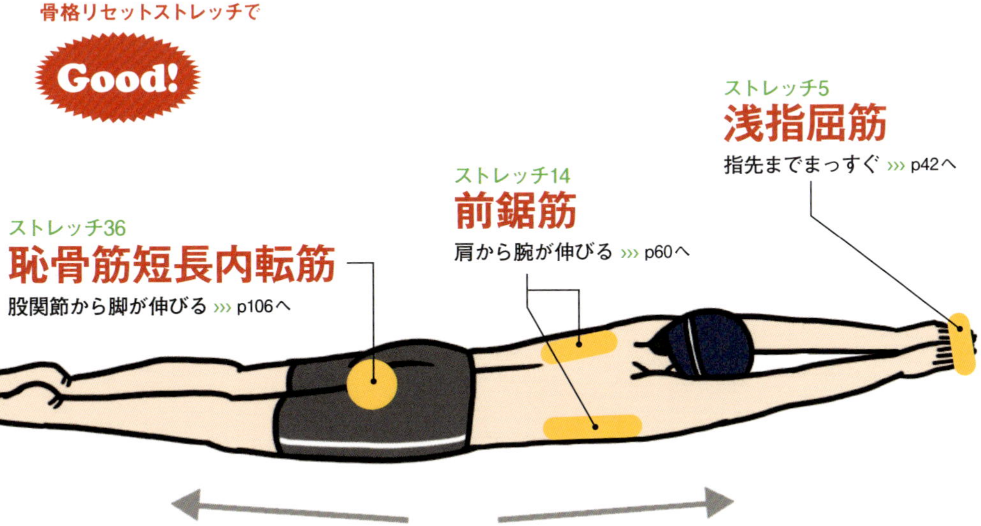

ケース 05

マラソン
「上り坂もラクに上がりたい!」

ただでさえ苦しいのに、フォームも崩れやすいのがマラソンの上り坂。
余計な力みを取るには坂道に対応できる柔軟な筋肉です！

Bad

胸鎖乳突筋
筋肉が縮んであごが
前に出てしまう

大腿二頭筋長頭
腰が落ちてしまう

大臀筋
膝が前に出ない

骨格リセットストレッチで

Good!

ストレッチ20
胸鎖乳突筋
重い頭が前に出過ぎ
ないよう調整 ››› p72へ

ストレッチ38
大臀筋
膝を引き上げてくれる
››› p110へ

ストレッチ34
大腿二頭筋長頭
脚が伸びて、腰が伸びあがる ››› p102へ

ケース 06

ゴルフ
「飛距離を伸ばしたい!」

飛距離を伸ばそうと力いっぱいクラブを振ってもボールは飛んでいきません。
全身を使った柔らかくしなやかなスイングを目指しましょう！

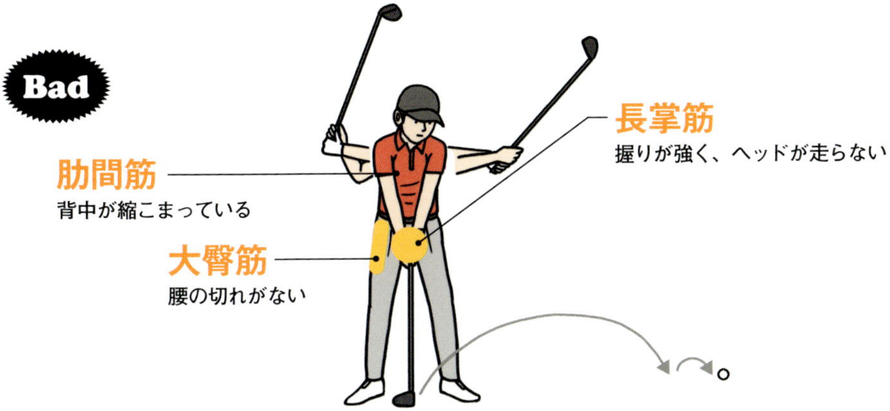

ケース 07

クライミング
「ハイステップも可能にしたい!」

上半身にばかり目がいきやすいが、難しいコースを攻略するカギで
重要になってくるのが下半身。さらなる高みを目指すのなら、ストレッチを忘れずに！

Bad
大腿四頭筋内側
中間外側広筋
膝が伸びて足が上がらない
腰方形筋
骨盤が後傾して
腰が反ってしまう
つかみきれない

骨格リセットストレッチで
Good!
ストレッチ32
大腿四頭筋内側
中間外側広筋
膝が曲がり、拮抗筋の
大腿二頭筋に力が入る ››› p98へ
キャッチする力が上がる ››› p88へ

ケース 08

テニス
「強いストロークショットを打ちたい!」

強いショットを打ちこむには腕の力に頼るだけではダメ。踏ん張りがききつつ、スムーズな体重移動ができてこそ、力強いショットを打ち返せます！

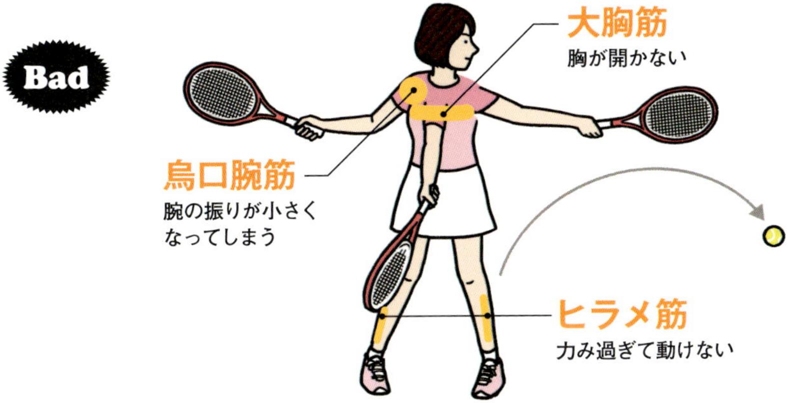

ケース 09

サッカー
「素早いダッシュを決めたい！」

45分間走り続ける持久力に加え、ボールの動きに瞬時に反応できるダッシュ力は
プレーヤーの価値も高めます！ダッシュ力で差をつけよう！

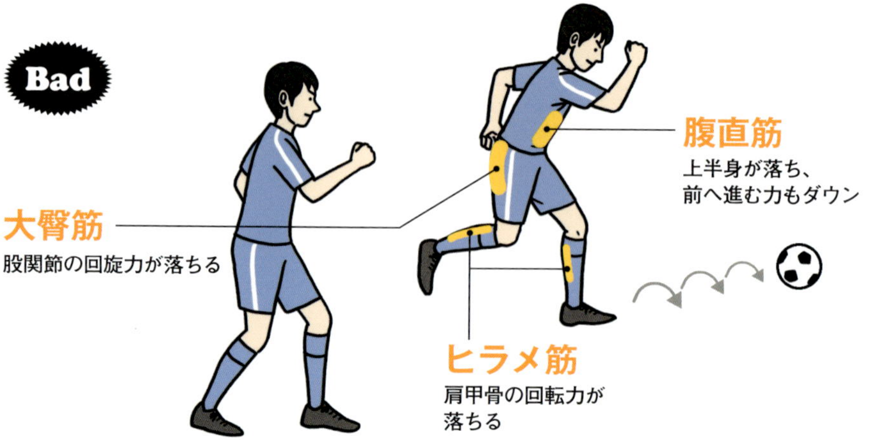

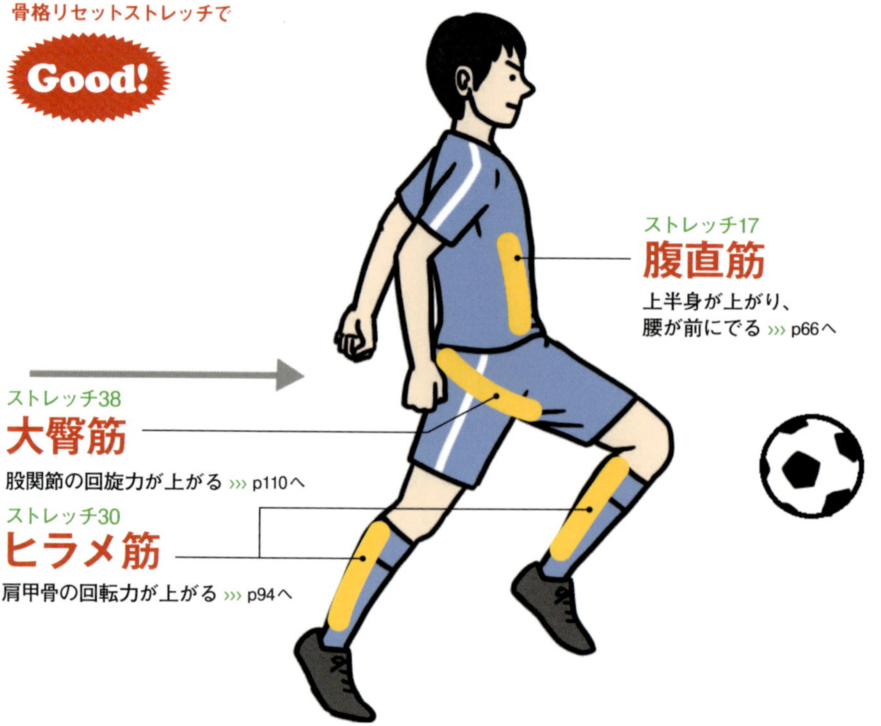

ケース 10

バスケットボール
「スリーポイントを決めたい！」

ボールがゴールまで届かない…。こんな悩みには肩、腰足関節の柔軟性を高めることで解決できます。伸びのあるシュート姿はまるで別人！

Bad

広背筋
肩が上がらない

腹直筋
上半身が伸び上がらない

ヒラメ筋
腰が引けてしまう

骨格リセットストレッチで

Good!

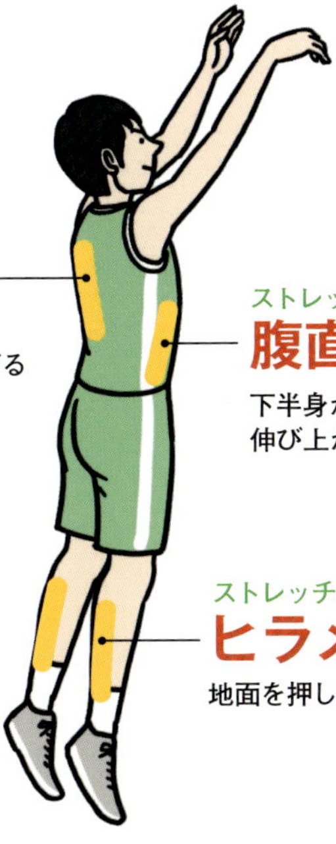

ストレッチ15
広背筋
伸びあがりと
プッシュ力が上がる
››› p62へ

ストレッチ17
腹直筋
下半身から
伸び上がる ››› p66へ

ストレッチ30
ヒラメ筋
地面を押し返す力が上がる ››› p94へ

あとがき

本書をお手にとって下さり、誠にありがとうございます。ぜひ今日から、「骨格リセットストレッチ」をはじめてみてください。

「骨格リセットストレッチ」は、スポーツパフォーマンスを高めることはもちろん、ケガ予防やダイエット、ボディメイクの第一歩には絶対に必要です。

今までいろいろと試してみたものの、うまくいかなかった、挫折してしまったという方にこそ試して頂きたいメソッドです。

というのは、日々トレーナーとして多くの方のサポートを行っているのですが、本当にちょっとしたコツや手順が大きな違いや効果を引き出してくれるからです。もちろん、そこにはちゃんとした知識や技術、経験があります。

そして、そのコツや手順をご紹介しているのが本書『骨格リセットストレッチ』になります。

後半部分では、ピンポイントでスポーツパフォーマンスにつながるメニューもご紹介しました。ただ、できれば一度は「全部」のメニューをお試し頂きたいです。それも、「仲間やご家族」と。なぜなら、他の人と一緒にやると、得意なところと不得意なところも見つけやすいですし、人と話したり教えたりすることで、覚えやすかったり、正しいフォームで行うことができるからです。

ストレッチ自体は、あくまでも補助運動で、みなさんのスポーツ活動や日常生活がメインです。しかし、ちょっとしたストレッチでも、ふとした瞬間に行うことで体は少しずつ応えてくれます。

本書『骨格リセットストレッチ』が、みなさんの元気一杯の毎日をサポートできますように。

鈴木　清和

著者紹介

鈴木清和（すずき きよかず）

1972年、秋田県角館市生まれ。神奈川県横浜市育ち。スポーツマイスターズコア代表。ACAF認定アスレチックトレーナー。駒澤大学陸上競技部出身。選手時代にケガに悩まされた自身の経験をもとに、スポーツ医科学センターや治療院にて骨格から筋肉の付き方、動き方など体について徹底研究。「無理せず」「ケガなく」「効率的」な体の動かし方をするために必要なストレッチ方法を確立。本書ではいままでの、筋肉のみにアプローチするストレッチとは違い、骨格の重要性に着目。「痛くない」「もっと伸びる！」が実感できる驚きのストレッチ法を初公開している。運動パフォーマンスを上げるだけでなく、「膝が痛くて走るのをやめてしまった」「フルマラソンの後半は脚がもたない」といった、悩めるランナーの走りも改善。きめ細かいケアにより、多くの市民ランナーから熱い支持を集めている。著書に『やってはいけないランニング』（小社刊）など多数ある。

STAFF

撮影　宗廣暁美
モデル　くらさわかずえ（フライディ）
藤岡信昭（ハルク・エンタテイメント）
ヘアメイク　田中裕子（ビーゴー株式会社）
本文イラスト　なかの真実
宇和島太郎
本文デザイン　コンボイン
衣裳協力　アンダーアーマー／株式会社ドーム
お問い合わせ：ドームカスタマーセンター
0120-106-786
UNDERARMOUR.COM

最高《さいこう》に動《うご》ける体《からだ》になる！
骨格《こっかく》リセットストレッチ

2017年 11 月 20 日　第1刷

著　　者　鈴《すず》 木《き》 清《きよ》 和《かず》

発 行 者　小 澤 源 太 郎

責 任 編 集　株式会社 プライム涌光

電話　編集部　03（3203）2850

発行所　株式会社 青春出版社

東京都新宿区若松町12番1号〒162-0056
振替番号　00190-7-98602
電話　営業部　03（3207）1916

印　刷　大日本印刷　　製　本　大口製本

万一、落丁、乱丁がありました節は、お取りかえします。
ISBN978-4-413-11233-8 C2075